MANFRED PAUL NATURE MORTE

MANFRED PAUL

NATURE MORTE

—1983
—1985

SPECTOR BOOKS

»UND KINDER WACHSEN AUF MIT TIEFEN AUGEN« — DIE STILLEBEN VON MANFRED PAUL

EUGEN BLUME

Die für dieses Buch ausgewählten Fotografien von Manfred Paul stehen unter dem Begriff *Stilleben,* der — ohne dass es uns noch bewusst wäre — den eigenartigen Gegensatz von *still* und *Leben* in sich birgt. Ein stillstehendes Leben ist in unserem Sprachsinn der Tod, nur er kann dem Leben wirklich das Zeitliche nehmen. Die ersten Bilder, auf die man die Bezeichnung *Stilleben* anwandte, waren denn auch die an den Tod, an das Vergängliche gemahnenden niederländischen Gemälde des 17. Jahrhunderts. Aus diesen *still leven* war im Gegensatz zu den Vanitas-Darstellungen, von denen sie herkommen, der Mensch verbannt. Er sollte vor ihnen, nicht in ihnen seiner Endlichkeit und Eitelkeit gewahr werden. Das großartige Memento mori des holländischen Barock scheute keinen Aufwand, um die Pracht des Lebens in aufwendigen Blumensträußen, Bergen von Obst, Gemüse, Muscheln, Fischen und Fleisch zu entfalten. Bei aller Opulenz sind es aber niemals nur *nature morte* — wie die Franzosen diese Bilder nannten —, sondern in ihnen ist vor allem das Leben des Einzelnen spürbar, das erst durch den Tod seinen Glanz erhält. Die Endlichkeit des menschlichen Seins macht die von ihm zusammengestellten Lebensmittel, die prächtigen Porzellan- und Silbergeschirre, aber auch die einfachen Dinge wie eine herunterbrennende Kerze zu einem lesbaren Andachtsbild, zu einem Bild der Demut vor dem Leben. Diese Stilleben prüfen das Werk desjenigen, der von jener Tafel aufgestanden ist. Sie fragen nach der Hinterlassenschaft, nach dem moralischen Verkehr mit der Welt im christlichen Sinne. Erst durch den Tod eines Mensch gewordenen Gottes am Kreuz wird das gefürchtete Ende zu einem das Leben bilanzierenden Ziel. Denn Tod und Tat — die Entsprechungen zu *still* und *Leben* — haben eine gemeinsame sprachliche Wurzel. Diese in vielen Wörtern enthaltene Einheit der Gegensätze ist heute nahezu vergessen, wird vor allem nicht mehr mitgedacht und nicht mehr empfunden. Die Tiefe der Sprache beginnt sich in der materialistischen Weltsicht zugunsten eines oberflächlichen Funktionalismus zu verflachen. Für die Hinterlassenschaften fühlt sich niemand mehr verantwortlich, der moderne Mensch kennt, wie Jean Gebser schreibt, keine Rück-Sicht mehr, sondern nur noch eine Vor-Sicht. Nur das, was vor ihm ist, hält er für wichtig. Das Stilleben im oben beschriebenen Sinne bedeutet im Grunde eine Qual für ihn, denn seine tieferen Fragen hält er nicht mehr aus, die Frage nach dem Tod am allerwenigsten, für ihn hat er keine Zeit mehr. Er ist ihm lediglich zum Skandal geworden.

Das, was im 17. Jahrhundert — mit großem Aufwand erdacht und gemalt — eine Feier der dem Menschen von Gott verliehenen Fähigkeiten war, ist später, je weniger von diesem Glauben blieb, immer armseliger geworden, dennoch ist dem Stilleben auch in der künstlerischen Moderne die Intention des Lebenswahren nicht abhanden gekommen. Der sogenannten Arte povera des 20. Jahrhunderts ist es zu verdanken, dass wir die *armen* Dinge als beseelte Materie wahrzunehmen verstehen, dass wir wieder die philosophische Dimension des Stillebens wahren. Jedes nur materialistische Anhäufen sinnentleerter Dinge hat mit einem stillen Leben wenig zu tun, ist vielmehr wirklich allein *nature morte,* tote Natur.

Vor allem die Erfindung der Fotografie, die mechanisch Bilder der Wirklichkeit einzufangen versteht, hat das geistige Tiefensehen der gemalten Bilder infrage gestellt. Es war eine ungeheure Provokation, der bildenden Kunst das Bildmonopol durch eine Apparatur aus der Hand zu nehmen. Zunächst hat die Fotografie noch versucht, die Malerei nachzuahmen, so überrascht war sie selbst von dieser neuen Bilderwelt, die als eine Art Wirklichkeitsabdruck verstanden und in Kupferstichkabinetten gesammelt wurde. Das Stilleben war neben Landschaften eines der großen, der Malerei abgesehenen Sujets der frühen Fotografie — die ersten Fotografien sind nachgebaute, *malerisch* gedachte, aber geistlose Zusammenstellungen. Nur langsam gewinnt in der Fotografie das stille Leben als geistige Form an Bedeutung.

Auch die Stilleben von Manfred Paul wären — und hier wird der innere geistige Zusammenhang deutlich — ohne die im 17. Jahrhundert in unsere Kultur eingeführte Idee des Memento mori in einem tieferen Sinne nicht lesbar. Sie blieben unweigerlich belanglos oder nur formalästhetisch interessant.

Manfred Pauls stille Bilder sind noch in der Zeit der DDR entstanden. Sie übersetzen überwiegend gefundene (gesehene) Korrespondenzen unterschiedlichster Gegenstände in eine formal strenge Bildsprache. Als Fotogra-

fien sind sie über die allgemeinen Sinnbilder des Stillebens hinaus gleichsam doppelt eingefrorene Zeit. Wie durch klares Eis vor dem ersten Schnee hindurch die Fische, Blätter und Äste des Seegrundes zu einer (Stilleben-)Fotografie gefroren sind, ist das stille Leben, das Leben ohne Zeit nochmals angehalten, so lange, wie die Materialität des Bildes die Zeit übersteht. Die Dinge sind verlassen, von der Hand getrennt, die sie mitunter achtlos ablegte, ohne zu ahnen, dass das Auge des Fotografen dieser unbewussten Handlung einen höheren Sinn verleihen würde.
Der Tulpenstrauß in einer Glasvase verwelkt in ungeheurer Schönheit. Seine schwarzweiße Schärfe ist ein beinahe schmerzhafter Einspruch gegen das Vergehen und gegen die Ersetzbarkeit, die wir uns beim Blumenhändler so leicht herstellen können. Blumen werden in einem allgemeinen Schönheitssinn vor allem ihrer Farben und Gestalt wegen und nicht als Sinnbild des Vergänglichen in die Zimmer gestellt. Ihr schwarzweißes Abbild stellt eine künstliche Distanz zur farbigen Wirklichkeit her. Ihr Wesen ist dadurch zum einen im Sinne der ästhetischen Gestalt plastischer (formbewusster) und zum anderen auf das Sinnbildhafte bezogen existentieller gefasst. Diese Tulpen verwelken nicht. Sie sind ein ewiges Bild des Verwelkenden. Sie werden unweigerlich in ihrer unerlösbaren Verfremdung zu einem (Andachts-) Denkbild über das menschliche Sein.

Wie sollte uns aber diese aufgehaltene Zeit zu einem sinnvollen Bild werden? Wir sind daran gewöhnt, dass alles vergeht, so sehr, dass wir das Bild des Vergehenden vermeiden. Wir leben in einer Zeit der dauernden Vernichtung, die sich durch eine inflationäre Reproduktion aller Dinge, den Menschen eingeschlossen, aus der Harmonie der Weltzeit und damit aus der Endlichkeit herausgestohlen hat, die uns scheinbar unbedeutende Tulpen selbstverständlich zu spiegeln verstehen. Sie welken nicht nach Sekunden, Minuten und Stunden, ihre Uhr ist nach einem uns weit übersteigenden Maß gestellt. Wir können Tausende Male Tulpen in dieselbe Glasvase stellen, und immer werden wir ihres Welkens ansichtig. Obwohl wir sie angeblich zu unserer Freude aufstellen, messen wir diesem Vorgang keine sinnvolle Bedeutung zu. Erst die (schwarzweiße) Fotografie erhebt diese Tulpen zu Individuen, macht sie uns im Bilde gleich, denn ein menschliches Porträt würde im Grunde ihren Bildrang nicht übersteigen. Nichts, was dem fotografierenden Auge würdig genug erscheint — ein Plastiklöffel in einer trüben Milchflasche, billiges Aluminiumbesteck, Fischgräten auf einem angeschnittenen Teller, Zeitungsstapel, ein gekochtes Ei, auch nur der Schatten von etwas —, ist hierarchisch geordnet. Es wird wie alles zum Ding, sichtbar erst im Lichte der Sonne, ohne die es nicht existieren würde. Es erfährt seinen Sinn, seine (geistige) Geburt allein durch das menschliche Bewusstsein. Erst das Bewusstsein erhebt alles, was sich ihm ergibt, ins Sinnhafte. Im Augenblick des Bewusstwerdens ist der Sinn auch dem Abfälligsten gegeben. Die fotografischen Stilleben sind dafür exemplarisch, weil sie mehr als die Malerei oder Zeichnung — die Erfindung bleiben — den sich der Dinge vergewissernden Blick festhalten. Was die Dinge sind, wissen wir eigentlich nicht, aber dadurch, dass wir sie mit den Augen eines anderen sehen, wissen wir, dass sie sind.

Ohne diese Sinngebung würden wir die Fotografien von Manfred Paul nicht verstehen können. Aber, fragen wir nochmals, was ist der Sinn einer Versammlung billigster Gabeln und Löffel, deren Armut uns die Pracht des niederländischen Zinns, Silbers und Goldes als alchimistische Feier des Lebens nur schwerlich in Erinnerung ruft?

Würden wir die schwarzweißen Fotografien einem Stilleben des 17. Jahrhunderts gegenüberstellen, wären wir zunächst überrascht, dass das moderne Bild nicht auseinanderfällt, sondern diesen Dialog aushält. Was sie eint, ist die gemeinsame Frage nach dem Sinn der Existenz. Diese Frage muss in der unlösbaren Einheit von Form und Inhalt überzeugend gestellt werden, die Mittel sind dabei uninteressant. Das keramische Bruchstück als Aschenbecher ist ebenso Bild der Vergänglichkeit wie die benutzte Blaupause auf der weißen Tüte oder die leere Hälfte einer Pampelmuse auf der Fensterbank. Der Feldblumenstrauß vor der rissig abblätternden Wandfarbe ist ebenso ein Memento mori wie die Früchte in der Emailleschüssel und der herunterhängende Stecker vor einer schadhaften Steckdose. Aber sie alle sind eben nicht nur Sinnbilder im literarischen Sinne, sondern sie beziehen ihre Kraft erst durch die ihnen verliehene Gestalt. Gäbe es nicht die Möglichkeit, ihnen im Abbild eine Form zu verleihen, die sie in einen zeitlosen Raum übersetzt, der in seiner Poesie vor unserem Empfinden Bestand hat, so gäbe es keine Kunst von Manfred Paul. Dieser Raum ist von sich überschneidenden Ereignissen beherrscht, die unterschiedliche Schichten und Geschichten in unserem Geist berühren. Wie sehr er aber aus der Geschichte und damit aus dem für uns Wirklichen heraustritt — das eine einfache Denkweise in diese Fotografien hineinlesen könnte —, verdeutlicht der von oben gesehene, mit einer feuchten Zeitung, einem groben Tuch bedeckte Tisch, auf dem ein Ei liegt. Das Auge liest unter anderem in den diagonal verlaufenden Zeilen der Tageszeitung *Neues Deutschland* mit Verwunderung den Satz: »Der Sozialismus in der DDR ist Erbe und Fortsetzer alles Guten« — welche Utopie, welcher Sonnenstaat, welche Lüge. Die vollendete Gestalt des Eies, Sinnbild der Fruchtbarkeit und der Vergänglichkeit, unterstreicht und löscht gleichermaßen die dem Zeitgenossen dieses Systems bekannte Anmaßung. Das Bild aber erlangt seine Bedeutung nicht aus dieser einfachen Gedankenkombinatorik, sondern aus seiner abstrakten Form, die das geschichtlich Konkrete übersteigt. Die Zeilen werden zu grauen Streifen, die Wasserflecken zu tachistischen Belebungen der Fläche, das Ei ist unverrückbar, das gefaltete Tuch konstituiert das Bild.

Diese konstruktive Sicht auf die Alltagsdinge ist uns aus der Bauhausfotografie als ästhetische Heiligung versachlichter Gebrauchsgegenstände bekannt. In Manfred Pauls Fotografien wird diese Erinnerung bewusst eingesetzt, nur geht es nicht um »ästhetische Propaganda«, sondern um das achtsame Wahrnehmen zufällig sich einstellender Zusammenhänge, die den Geist zu spiegeln vermögen. Die Utopie dieser Bilder findet sich im ersten Satz der »Ballade des äußeren Lebens« von Hugo von Hofmannsthal: »Und Kinder wachsen auf mit tiefen Augen«.

Dafür wollen diese Bilder gesehen werden. Wie sie entstanden sind, bleibt das Geheimnis des Fotografen.

EUGEN BLUME (2010)

»AND CHILDREN GROW UP WITH PROFOUND EYES« —ON THE STILL LIFES OF MANFRED PAUL

EUGEN BLUME

The photographs by Manfred Paul selected for this volume are assembled under the title of *still life,* a term which — though our consciousness thereof may have faded — rests upon the strange opposition between stillness and life. Linguistically speaking, a life that stands still, or life at a standstill, amounts to death; only death can divest life of its temporality. The first pictures to have had the term *still life* applied to them were Dutch paintings of the seventeenth century bearing reminders of death, of transience. In contrast to the *vanitas* depictions that preceded them, the *still leven* banished the human figure altogether, such that the confrontation between human beings and their mortality, their vanity, occured in front of, rather than within, the painting. The magnificent *memento mori* of the Dutch baroque period spared no extravagance in depicting the splendour of life in elaborate floral arrangements, with mountains of fruit, vegetables, shells, fish and meat. All the opulence aside, however, they are never merely *nature morte,* as the French refer to these paintings. Indeed, the most palpable element of such pictures is the life of the individual whose radiance comes only in death. The transience of human existence transforms the food, the fine porcelain and silver tableware as well as simple things such as a burning candle into legible devotional pictures, into images of humility in the face of life. These still lifes examine the work of the one who has left the table. They investigate what has been left behind, the person's moral interaction with the world in a Christian sense. It is only through the death on the cross of a God incarnate that the daunting end we face becomes a life-auditing goal, as it were. For death and deed — analogies to *still* and *life* — share a common linguistic root. Nowadays this union of oppositions, common to so many words, has been more or less forgotten; it escapes both our consciousness and perception. The depths of language are shallowing out in our materialistic worldview and making way for a superficial functionalism. No one feels responsible for legacies anymore, for what has been left behind; in the modern world, as Jean Gebser writes, there is no such thing as hindsight. People no longer look back but forwards, affording sole importance to what they find in front of them. For them, still life in the above-described sense is pure torment, for the profounder questions in life are more than they can bear, none more so than the question of death. There is no time for death, it would seem, which is meanwhile little more than a scandal.

With the dwindling of Christian belief over time, the elaborately conceived and painted celebrations of humanity's god-given abilities common to the seventeenth-century still life have become increasingly impoverished. Yet even with the advent of modernism, the still life nevertheless maintained its life-preserving impetus. Thanks to the so-called *arte povera* movement in the twentieth century we have the capacity to perceive *poor* things as animate matter, enabling us to conserve the philosophical dimension of the still life. Any purely materialistic conglomeration of things devoid of meaning has more to do with *nature morte*, with dead nature, than still life.

It was above all the invention of photography — a medium able to mechanically capture images of reality — that called into question the stereoscopic apprehension of painted pictures. It was an immense provocation for the fine arts to cede their monopoly on image production to a mere apparatus. In its early days photography sought to imitate painting, surprised as it was by this new pictorial realm which was perceived to reproduce reality and compiled in print collections. Alongside landscapes, the still life provided one of the great, painting-inspired motifs of early photography. The earliest photographs were derivative and *painterly* in their conception, but ultimately vacuous compositions. Only very gradually has still life gained recognition within the medium of photography as an intellectual form.

Similarly, the still lifes of Manfred Paul would not be legible in any profound sense — and this is where the inner intellectual relationship becomes evident — were it not for the concept of the *memento mori* introduced into our culture in the seventeenth century. They would inevitably remain trivial, interesting at most for their formal aesthetics.

Manfred Paul's still pictures were produced while the GDR still existed. They translate predominantly found (seen) correspondences of all different kinds of objects into a formally stringent imagery. As photographs, they go beyond the general symbols of still life; they are time doubly frozen, as it were. Just as the fish, leaves and branches at the bottom of the lake have been fro-

zen into a still-life photograph as if through clear ice before the first snowfall, the still life, life without time, has been brought to a standstill again — for as long as the materiality of the picture weathers time. The things are abandoned, separated from the hand that left them there, at times carelessly, not suspecting that the eye of the photographer might invest this unconscious action with a higher meaning.
The bunch of tulips in a glass vase wilts in infinite beauty. Its black-and-white sharpness constitutes an almost painful appeal against the transience and replaceability we can so easily manufacture at the florist. People generally put flowers in a room for their beauty, for their colour and form and not as a symbol of ephemerality. Their reproduction in black and white creates an artificial distance to the colourful reality. Hence, on the one hand their being is expressed more sculpturally (more form-consciously) in terms of their aesthetic form, and on the other hand, in the realm of the symbolic their essence is conveyed in more existential terms. These tulips do not wilt but rather embody an eternal image of wilting. In their irredeemable alienation they inevitably become a (devotional) mental image of human existence.

Yet how should this vision of halted time become a meaningful image for us? We are well accustomed to the reality that all things pass, so accustomed in fact that we tend to avoid images of passing wherever we can. We live in an age of ongoing destruction which, through the inflationary reproduction of almost everything — people included — has stolen its way out of the harmony of universal time and thus out of the very finitude that these seemingly insignificant tulips are naturally able to reflect. They do not wilt after seconds, minutes and hours; their clock is set to a measure of time that by far surpasses us. We can put tulips in the same glass vase thousands of times over, and we can watch them wilt just as many times. Although we supposedly put them there for our pleasure, the procedure is without any great significance for us. Indeed, it is the (black-and-white) photograph that succeeds in elevating these tulips to the status of individuals, in making them our equal within the image, whereas a human portrait would be unlikely to exceed their pictorial quality. Nothing the photographer's eye deems worthy of capturing on film — a plastic spoon in a cloudy milk bottle, cheap aluminium cutlery, fish bones on a chipped plate, piles of newspapers, a boiled egg, or even just a shadow of something — is hierarchically ordered. Like everything else, it is turned into a thing, an object, visible only in the light of the sun, without which it would not exist at all. Its meaning — its (spiritual) birth — is entirely contingent upon human consciousness. It is consciousness which elevates everything encountered to the status of something meaningful. At the moment of becoming conscious, even the most disagreeable of things can be given meaning. And here the photographic still lifes are exemplary since they — more so than paintings or drawings which ultimately remain invention — capture the self-reassuring gaze intent on making certain of things. What those things are, we do not really know. But by the very fact that we view them through the eyes of someone else, we know *that* they are.

Without this conferral of meaning we would not be able to understand the photographs of Manfred Paul. But, we ask again, what does an assemblage of the shoddiest forks and spoons mean, an arrangement whose poverty is anything but redolent of the alchemistic celebration of life embodied in the splendour of Dutch tin, silver and gold?
Were we to juxtapose these black-and-white photographs with a seventeenth-century still life we might initially be surprised that, rather than falling to pieces, the modern image actually stands its stead in dialogue. What unites them is their common questioning of the meaning of existence. This question must be posed convincingly in the indissoluble union of content and form, though the means for doing so are uninteresting. The ceramic fragment serving as an ashtray is as much an image of transience as the used blueprint upon a white plastic bag or the empty half of a grapefruit on the windowsill. The bouquet of wild flowers standing in front of peeling walls is as much a *memento mori* as the fruit in the enamel bowl or the electrical plug dangling from a broken power point. They are not only symbols in a literary sense, but rather draw their strength from the form given them. Were

it not for the possibility of lending them a visual form which transposes them into a timeless space, a space which, in its poetry, endures within our perception, there would be no art by Manfred Paul at all. It is a space dominated by overlapping events which touch upon different layers and (hi)stories in our minds. The degree to which he steps outside of history and thus what is real to us — which a simplistic way of thinking could read into these photographs — is made plain by a table viewed from above with a damp newspaper and coarse tablecloth covering it and an egg lying on top. Among the diagonal lines of the East German newspaper *Neues Deutschland,* one astonishing sentence stands out: »Socialism in the German Democratic Republic is the legacy and perpetuation of all good things« — what a Utopia, what a Sun State, what a lie. The perfect form of the egg, a symbol of fertility and transience, both underscores and deletes the presumptuous arrogance so familiar to contemporaries of this system.

The meaning of the picture does not source from such simple mental combinatorics, however, but from its abstract form which transcends concrete historical events. The lines become grey stripes, the water marks become tachist animations of the surface, the egg is immovable, and the folded cloth constitutes the image.

This constructivist view of quotidian objects is familiar to us from Bauhaus photography as an aesthetic sanctification of reified functional objects. There is a conscious application of this memory in Manfred Paul's photographs, though it is not about »aesthetic propaganda« but rather the attentive perception of randomly occurring relationships capable of reflecting the mind. The Utopia of these pictures can be found in the opening line of the *Ballad of the External Life* by Hugo von Hofmannsthal: »And children grow up with profound eyes«.

This is why these pictures should be viewed. How they came about remains the photographer's secret.

EUGEN BLUME (2010) TRANSLATION CATHERINE NICHOLS

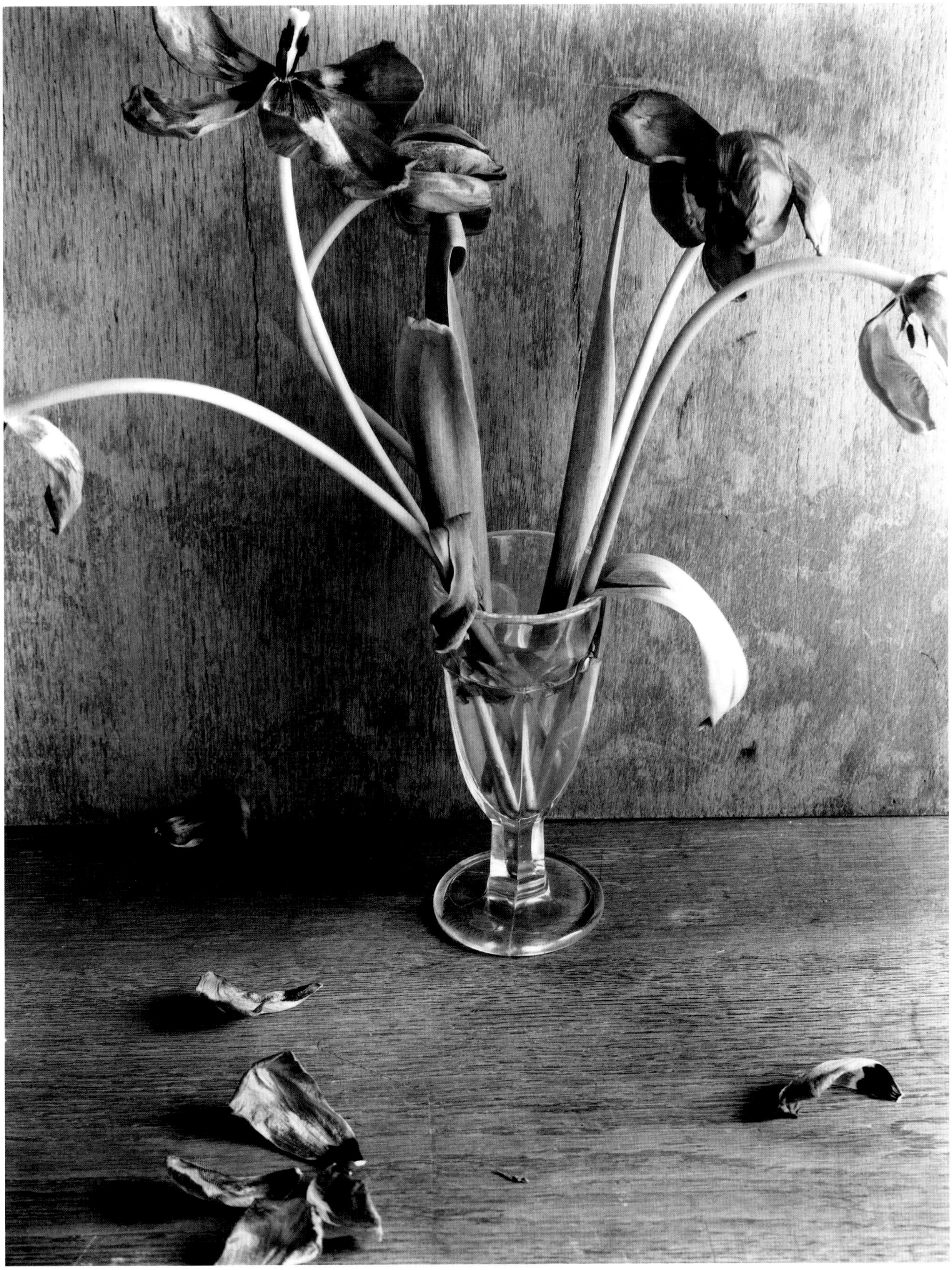

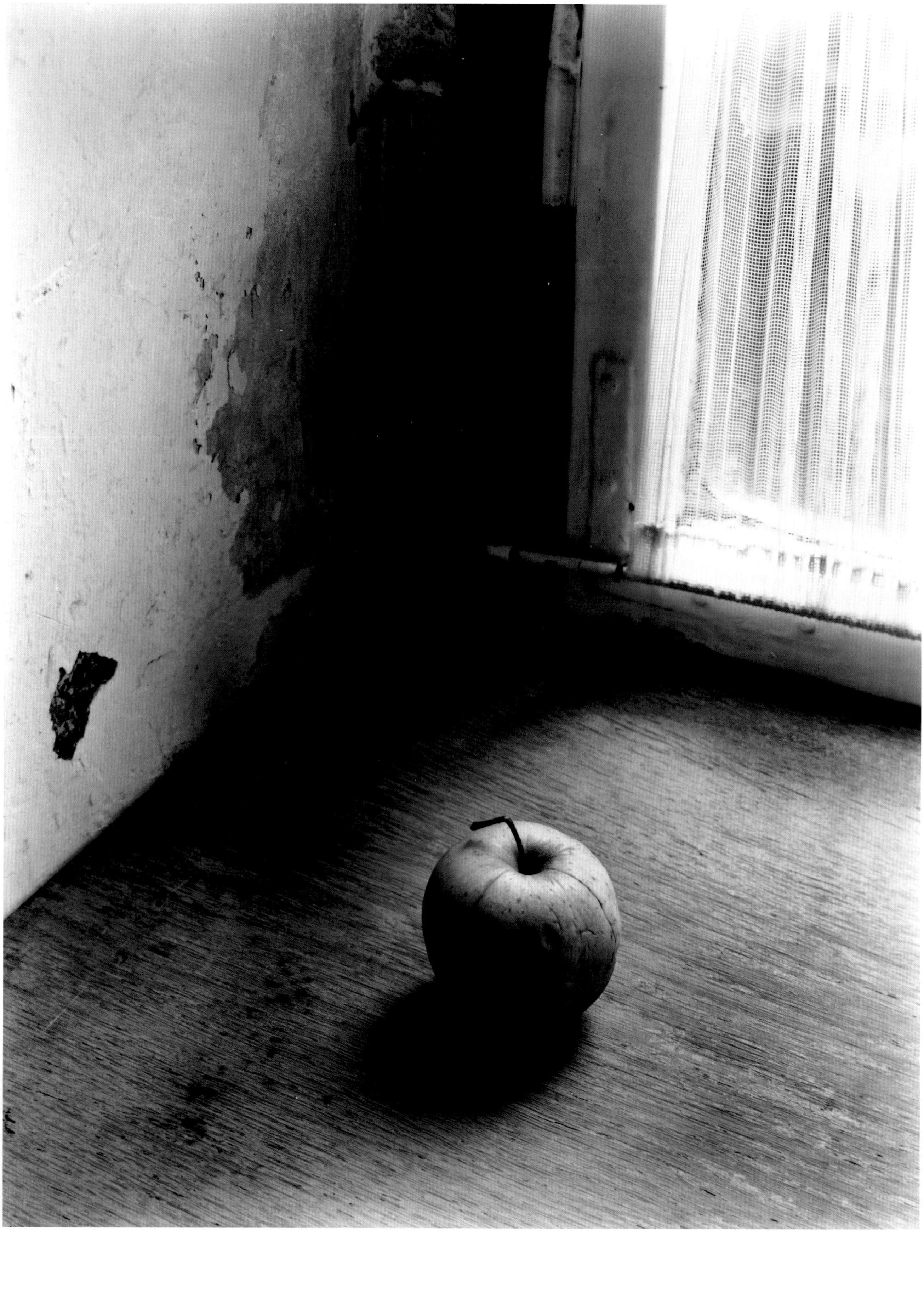

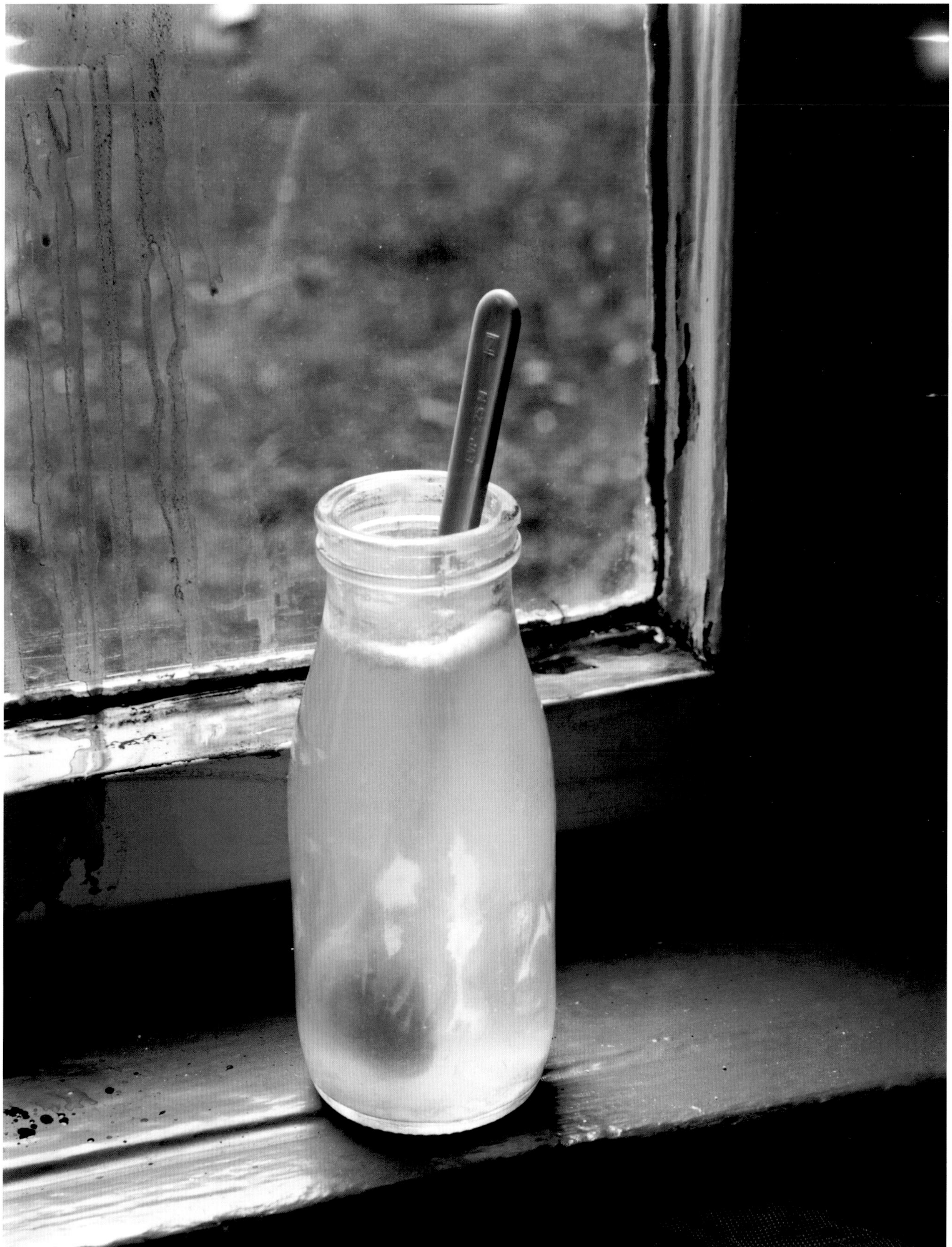

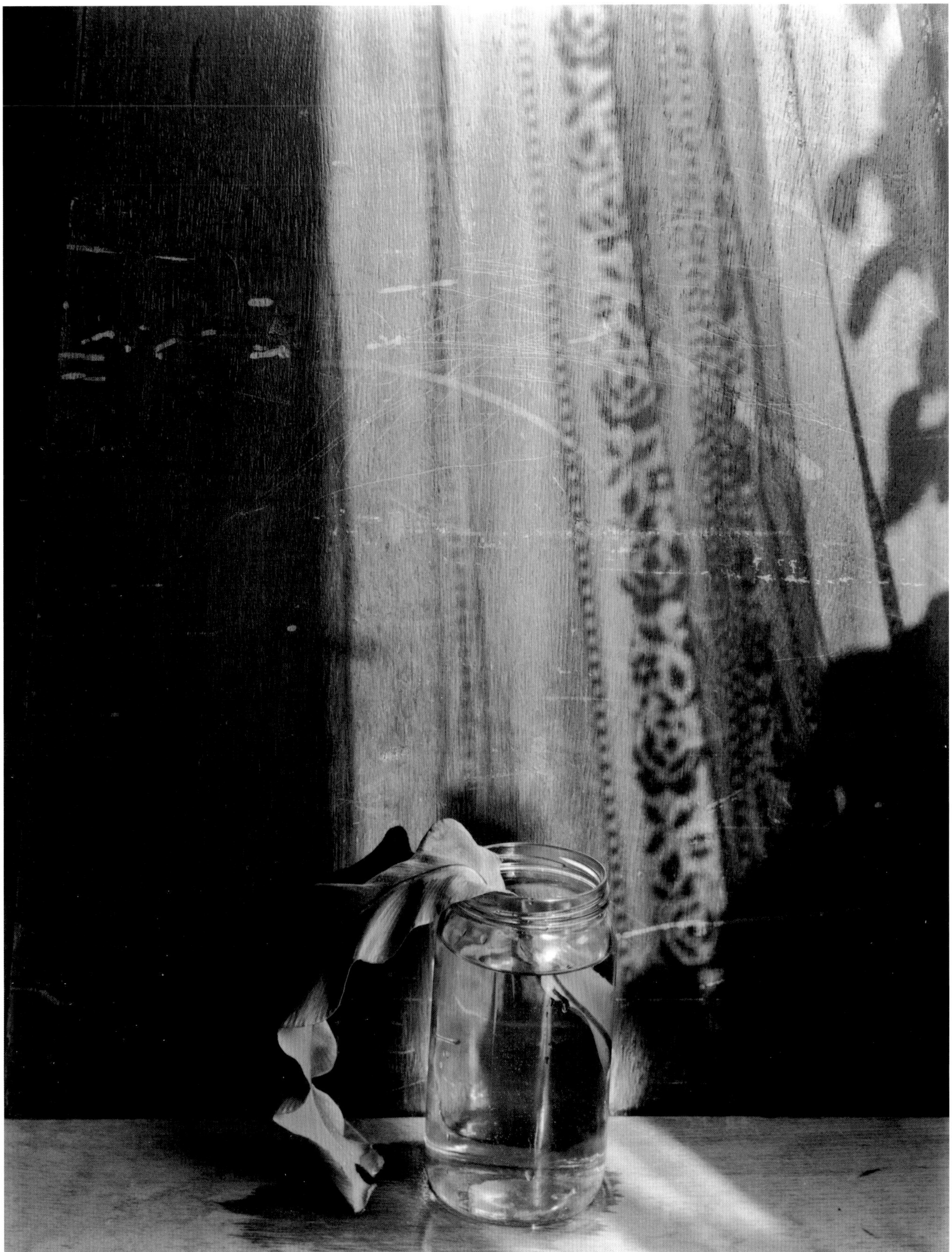

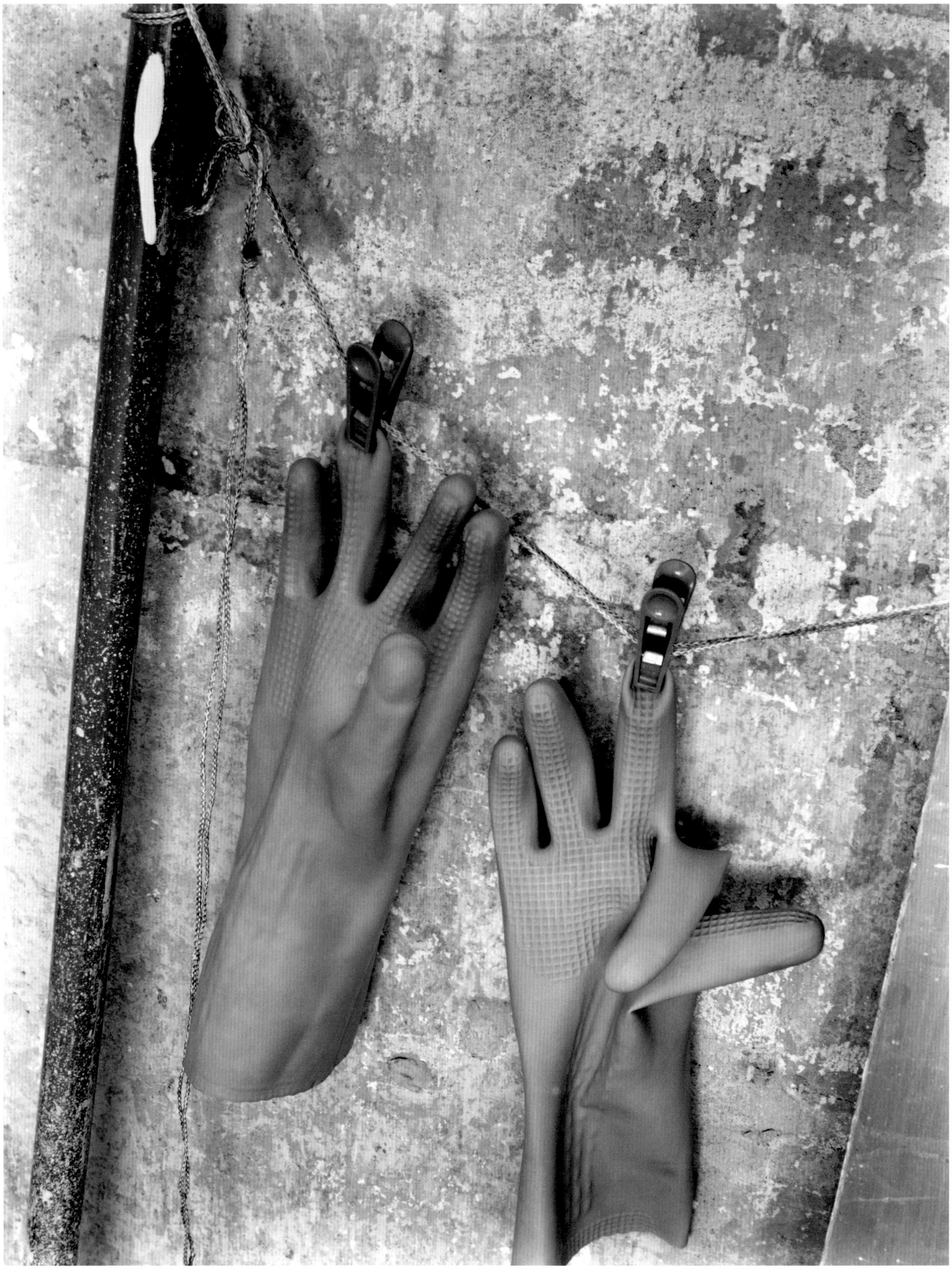

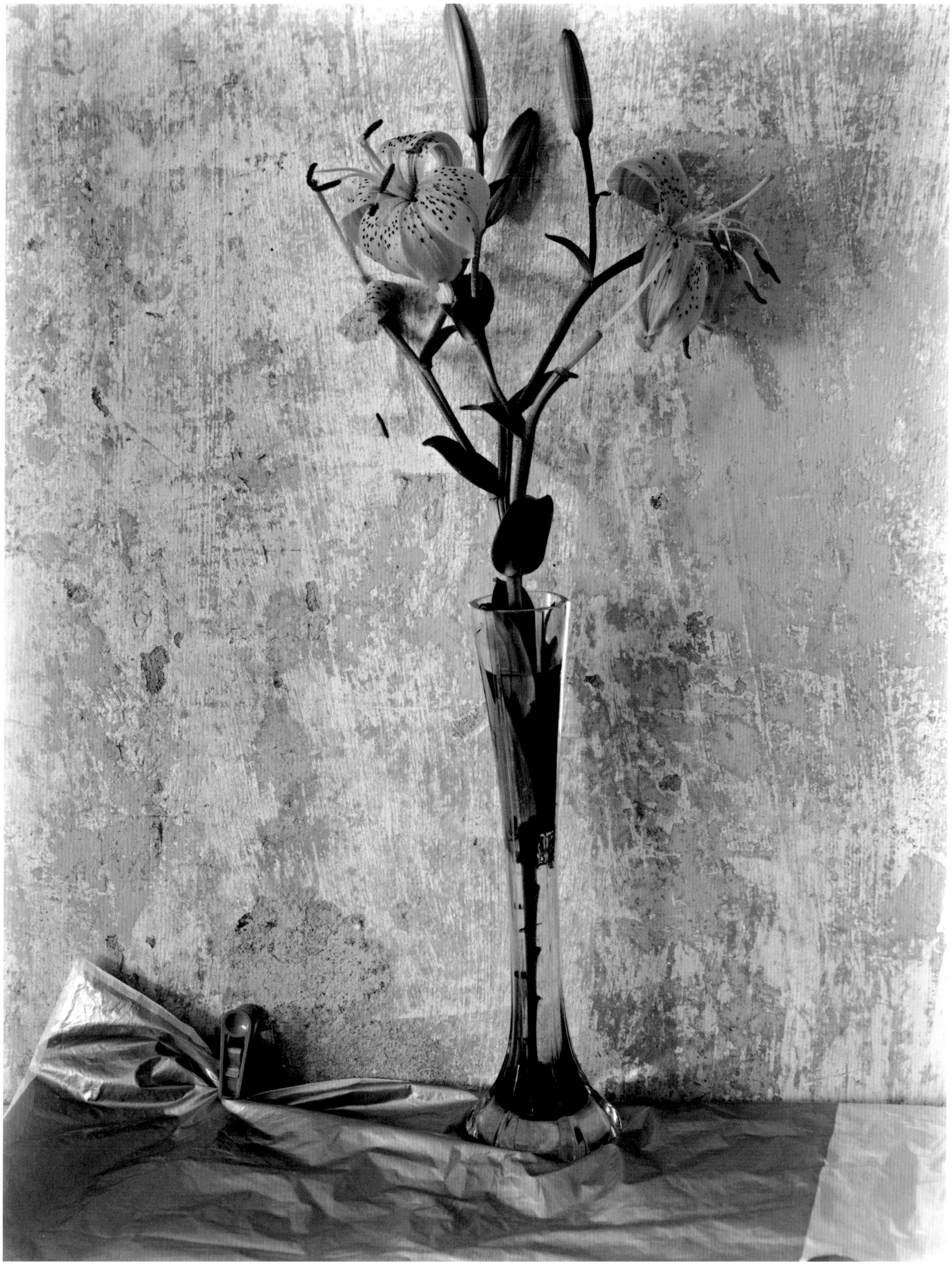

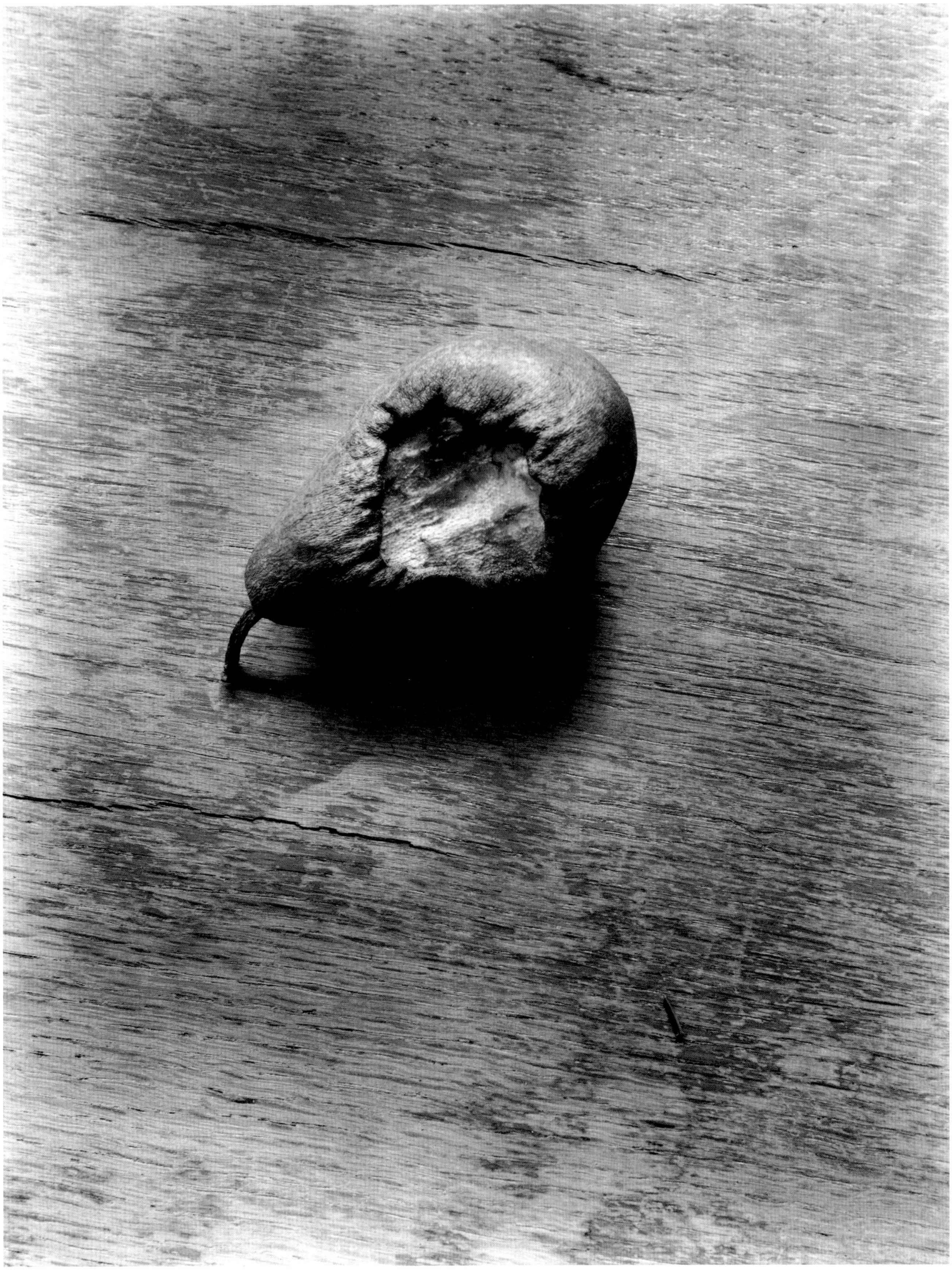

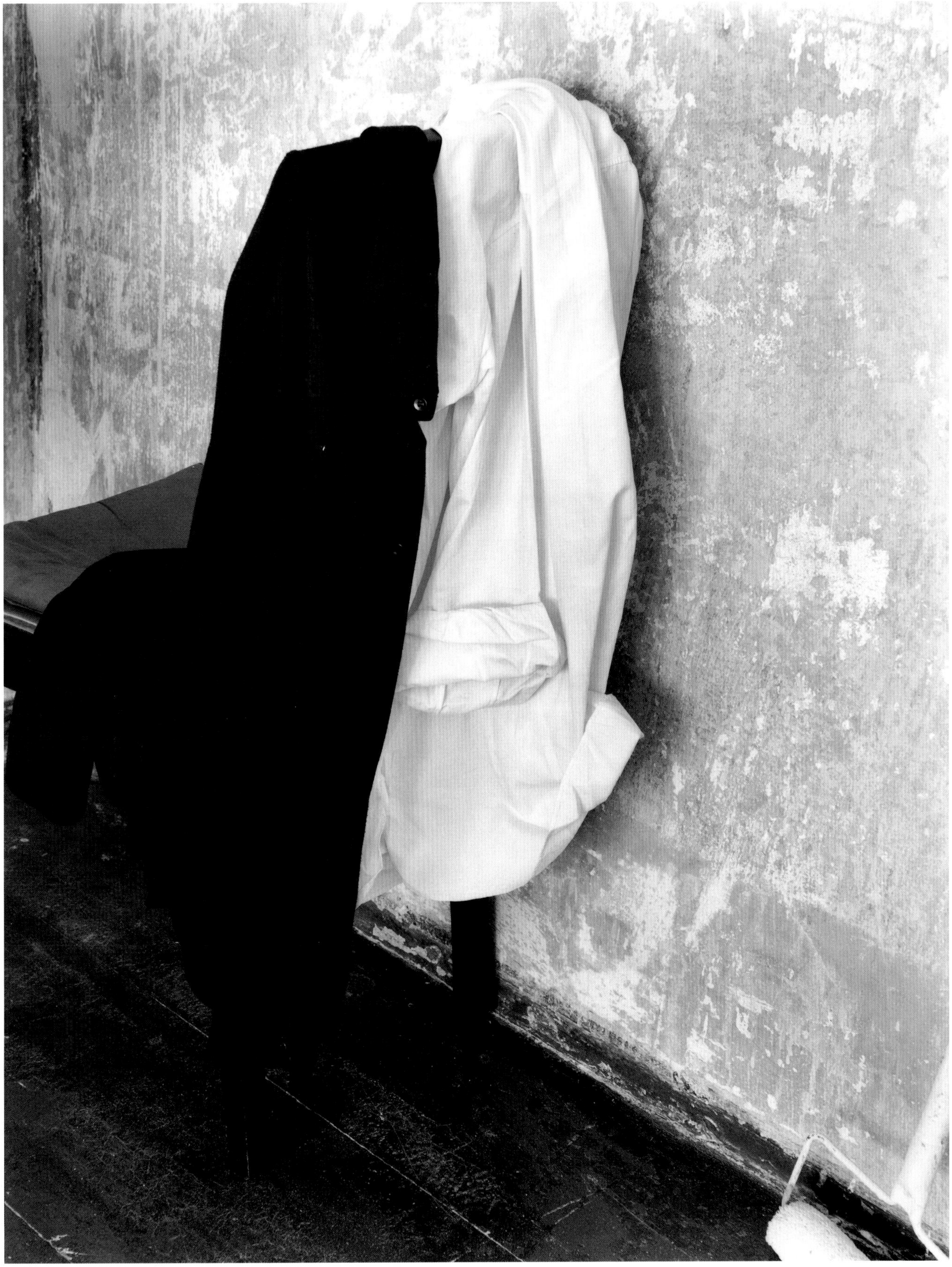

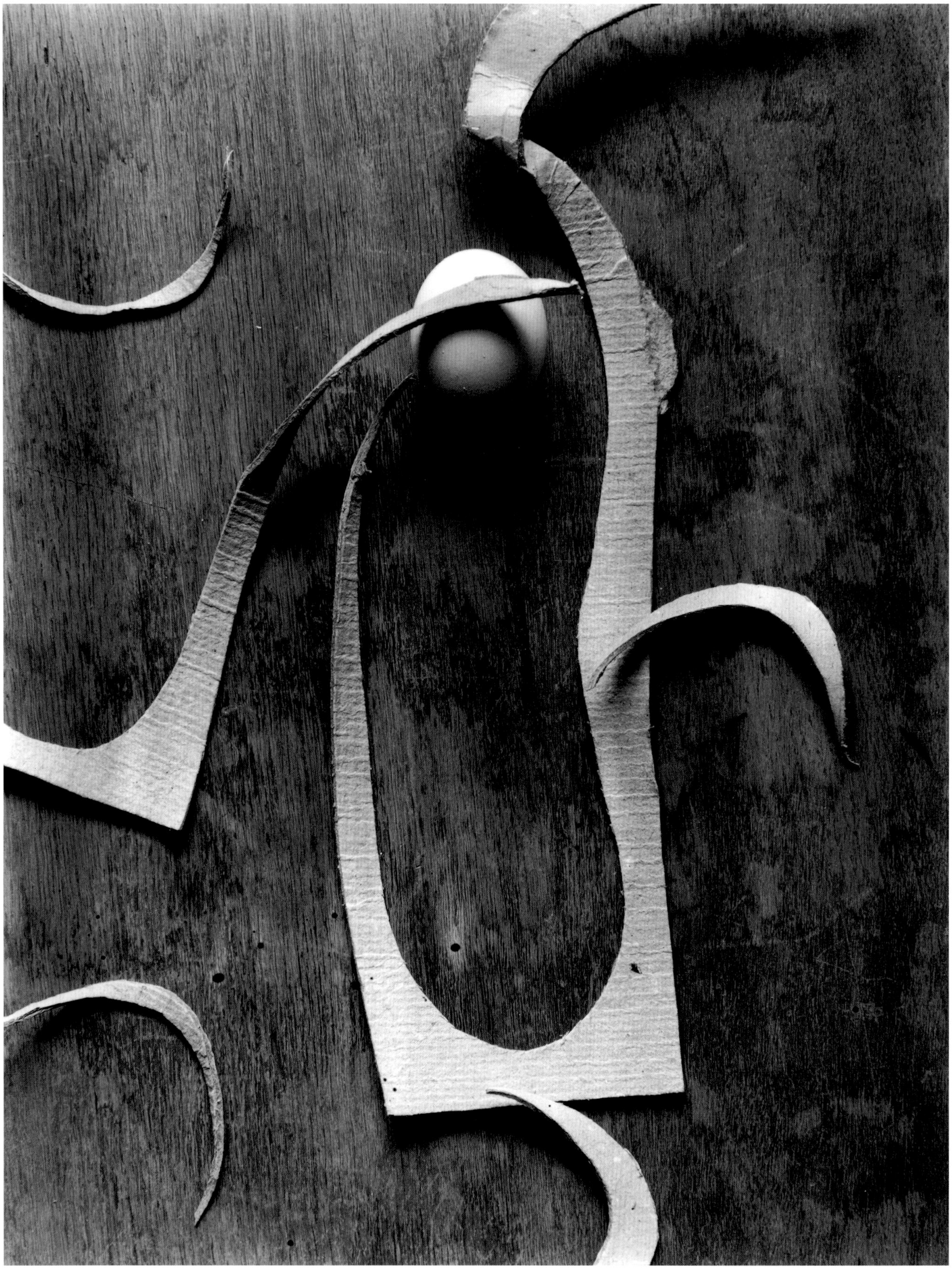

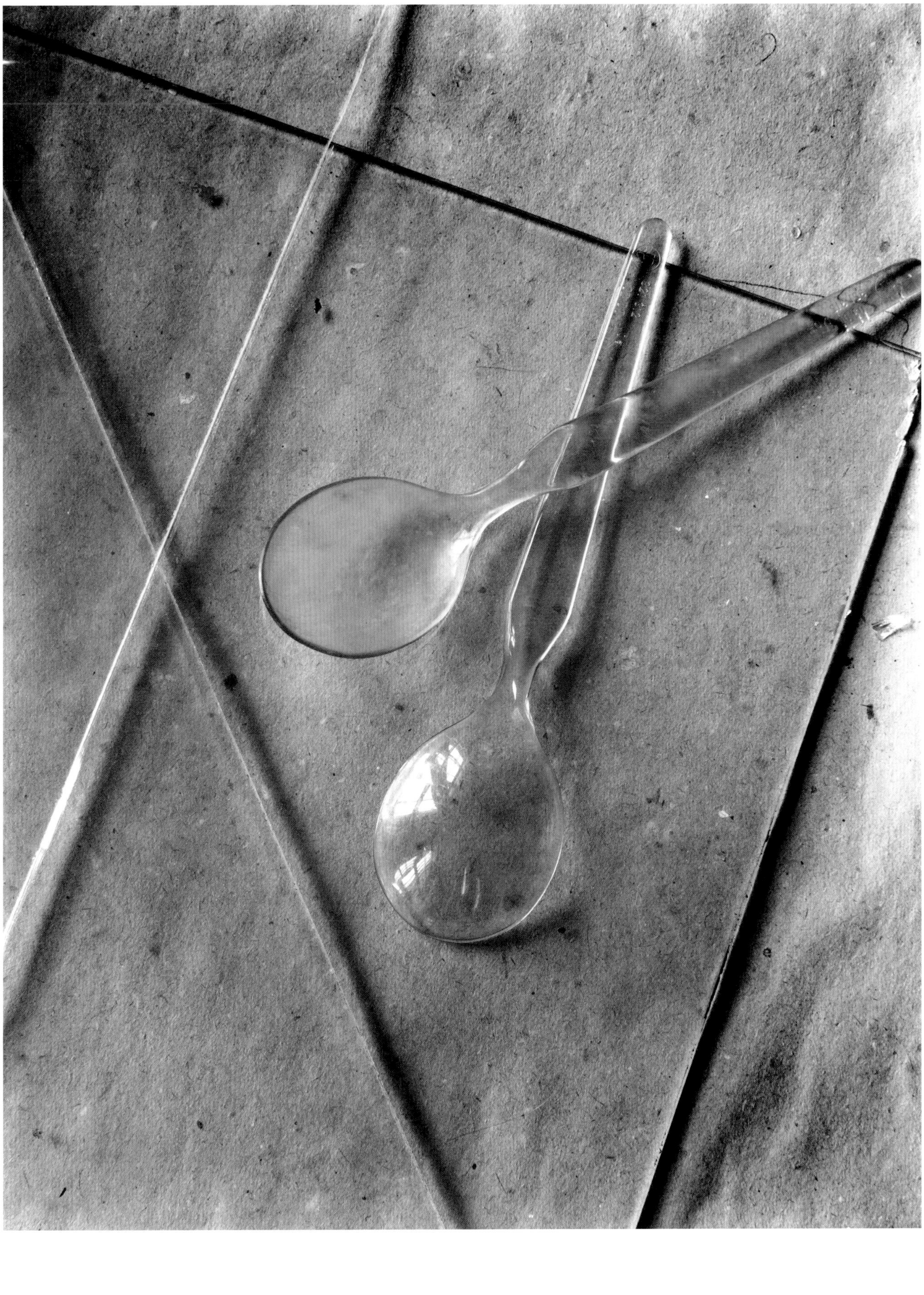

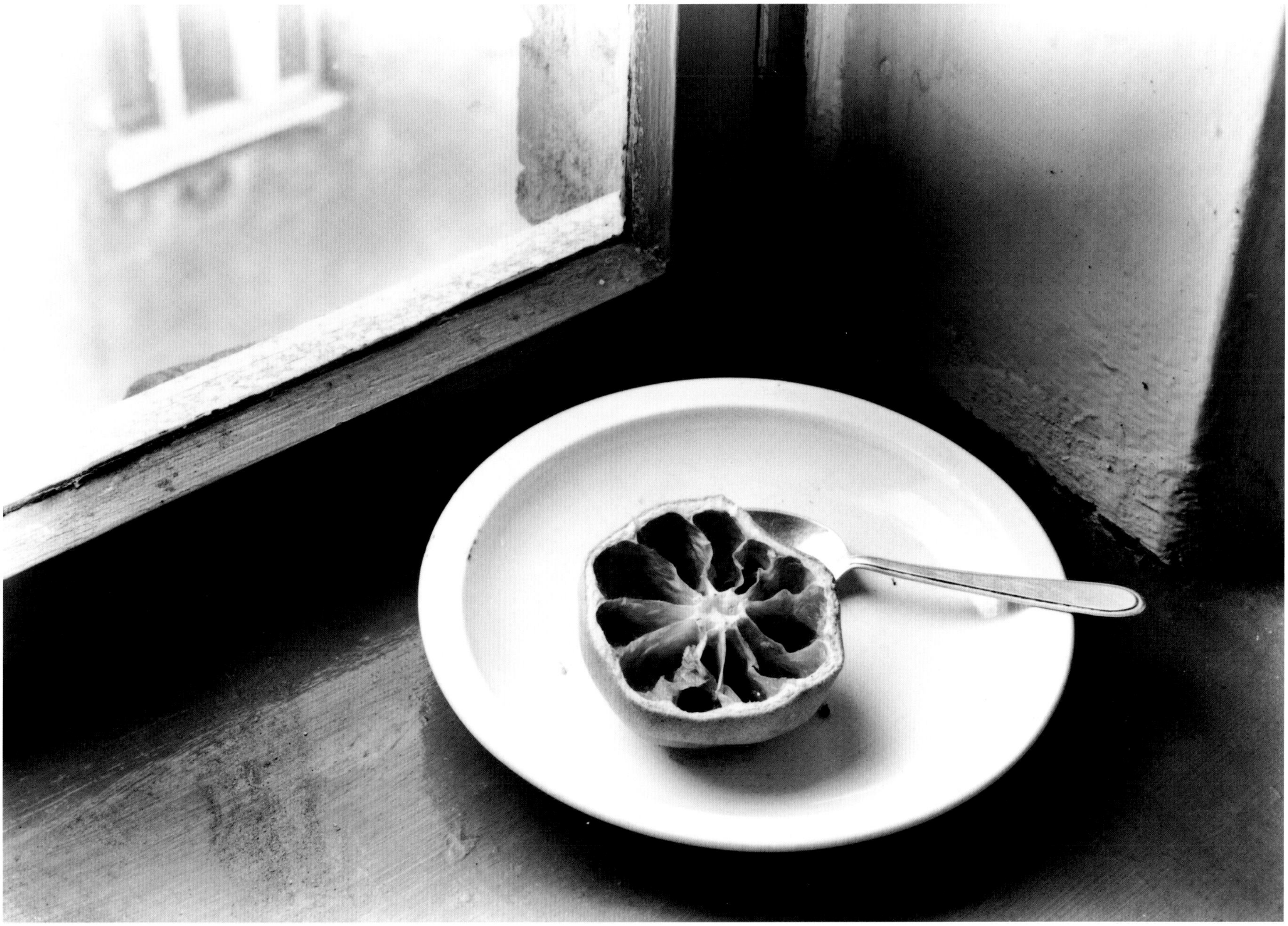

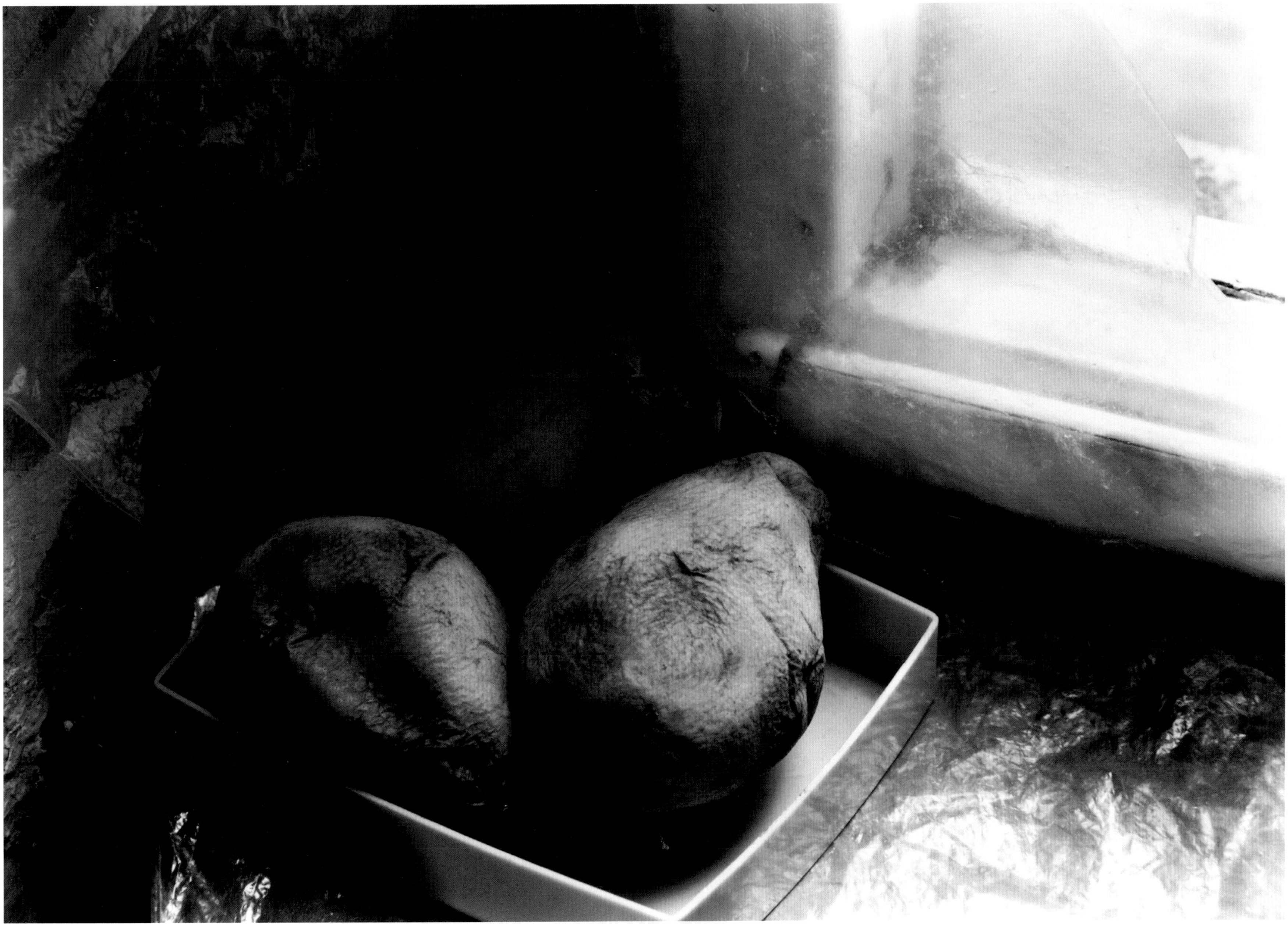

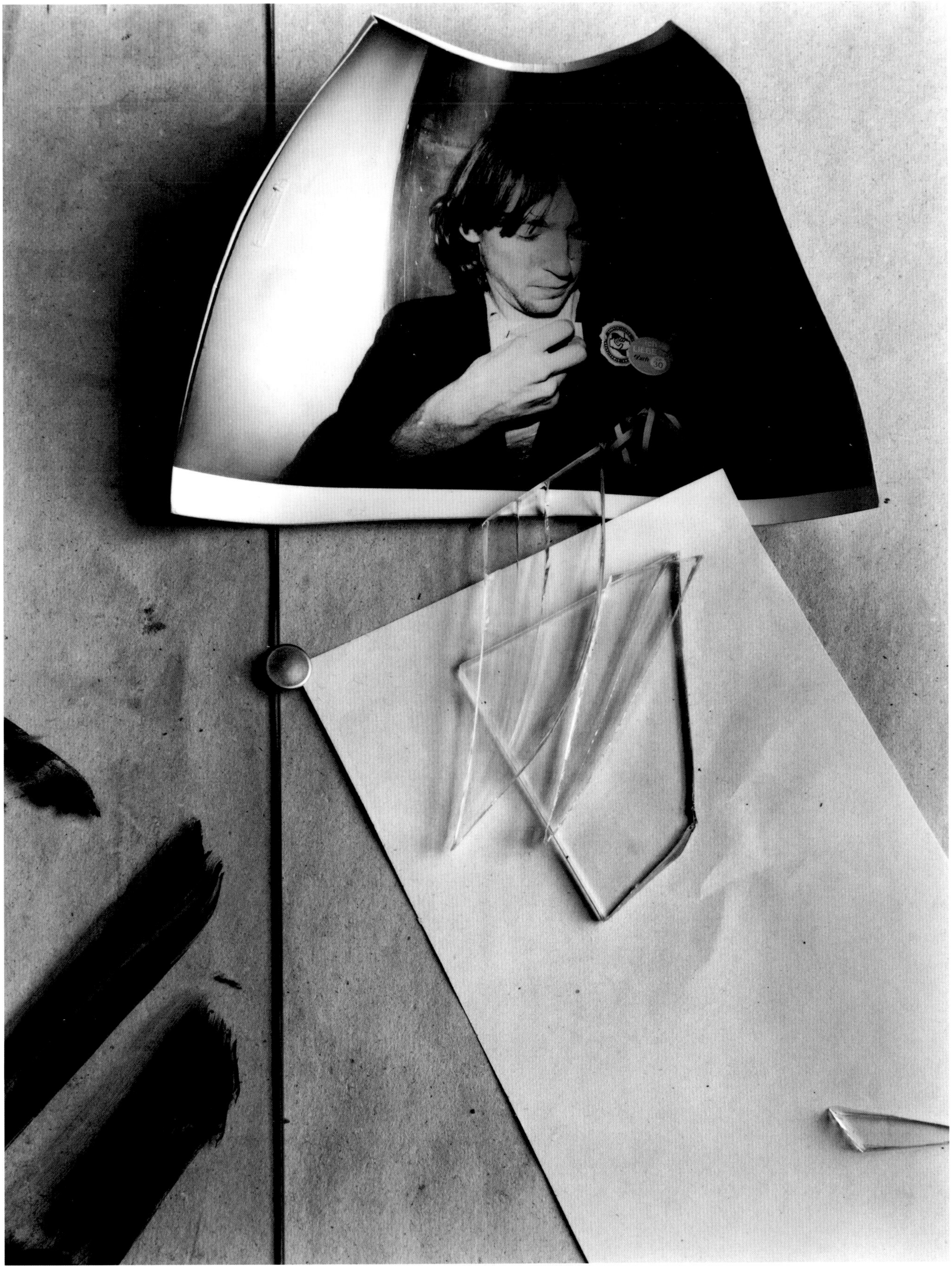

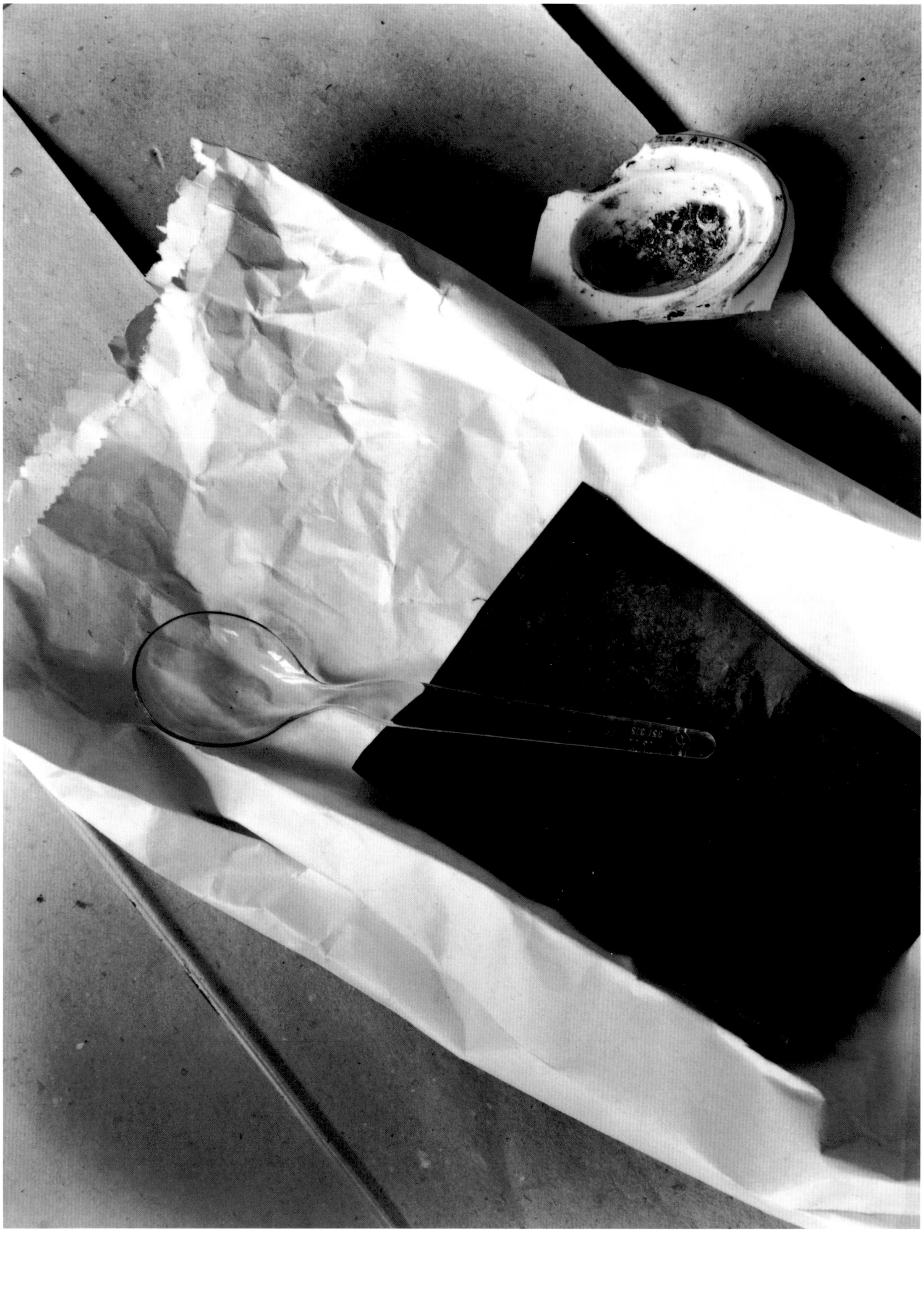

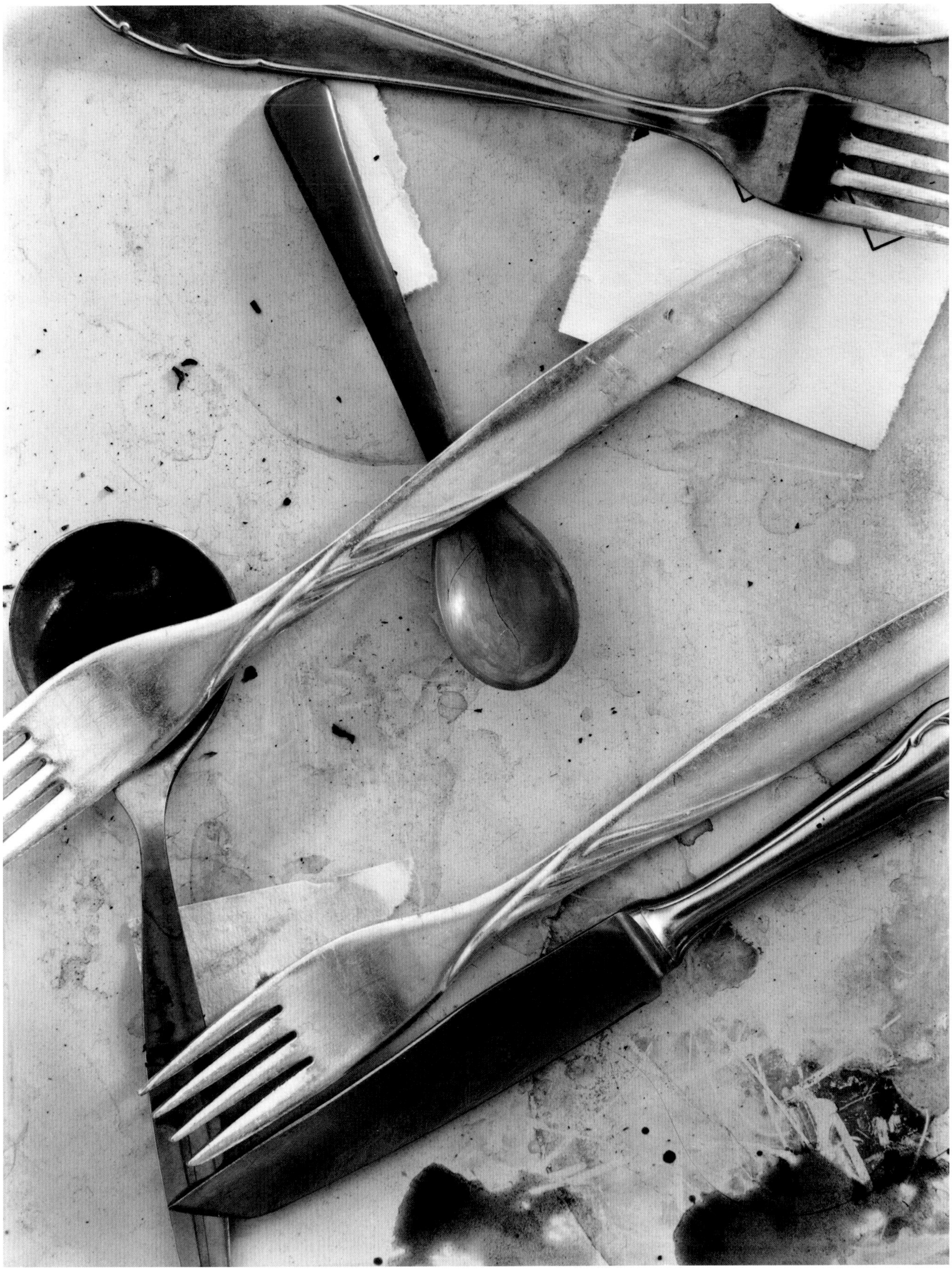

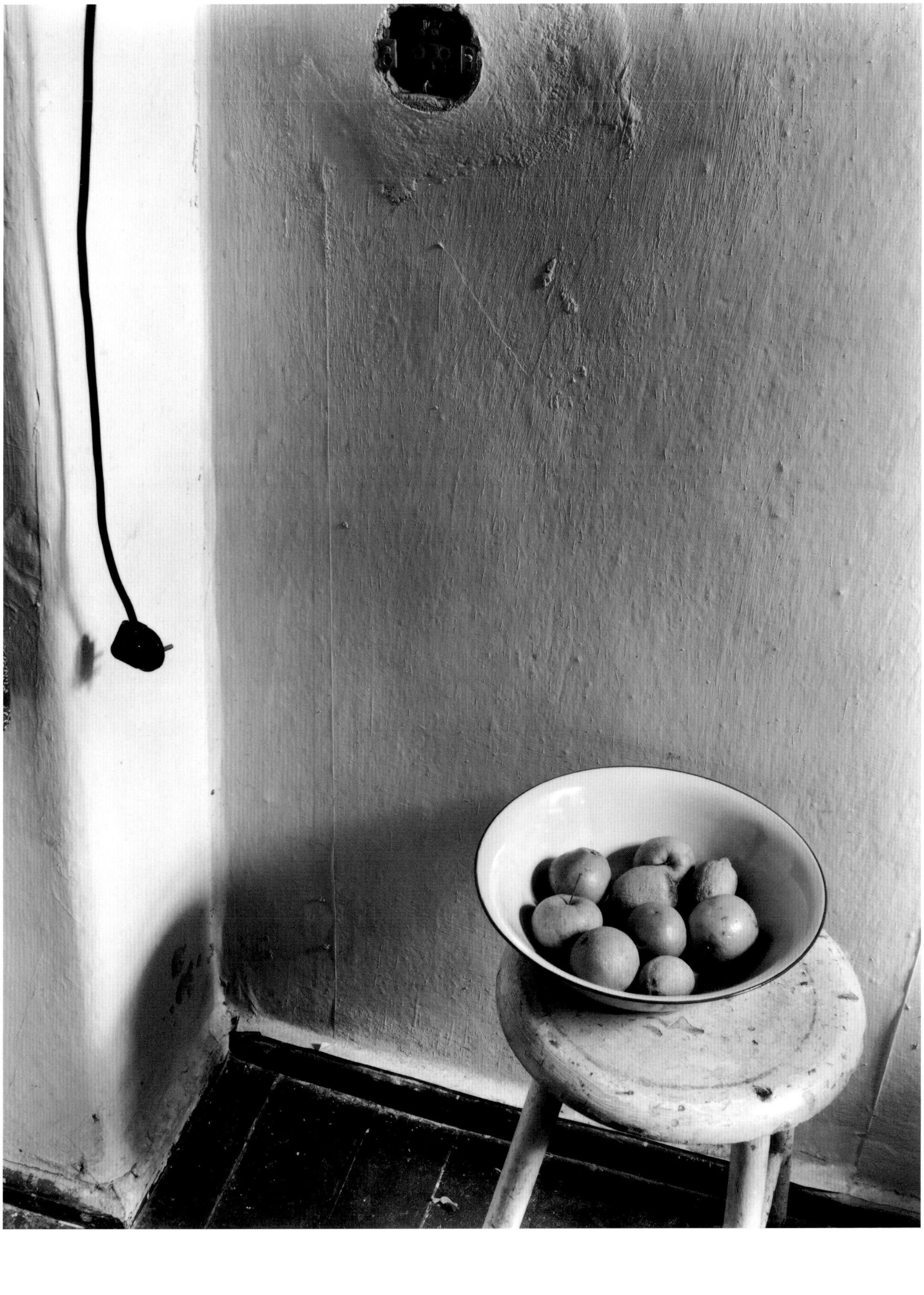

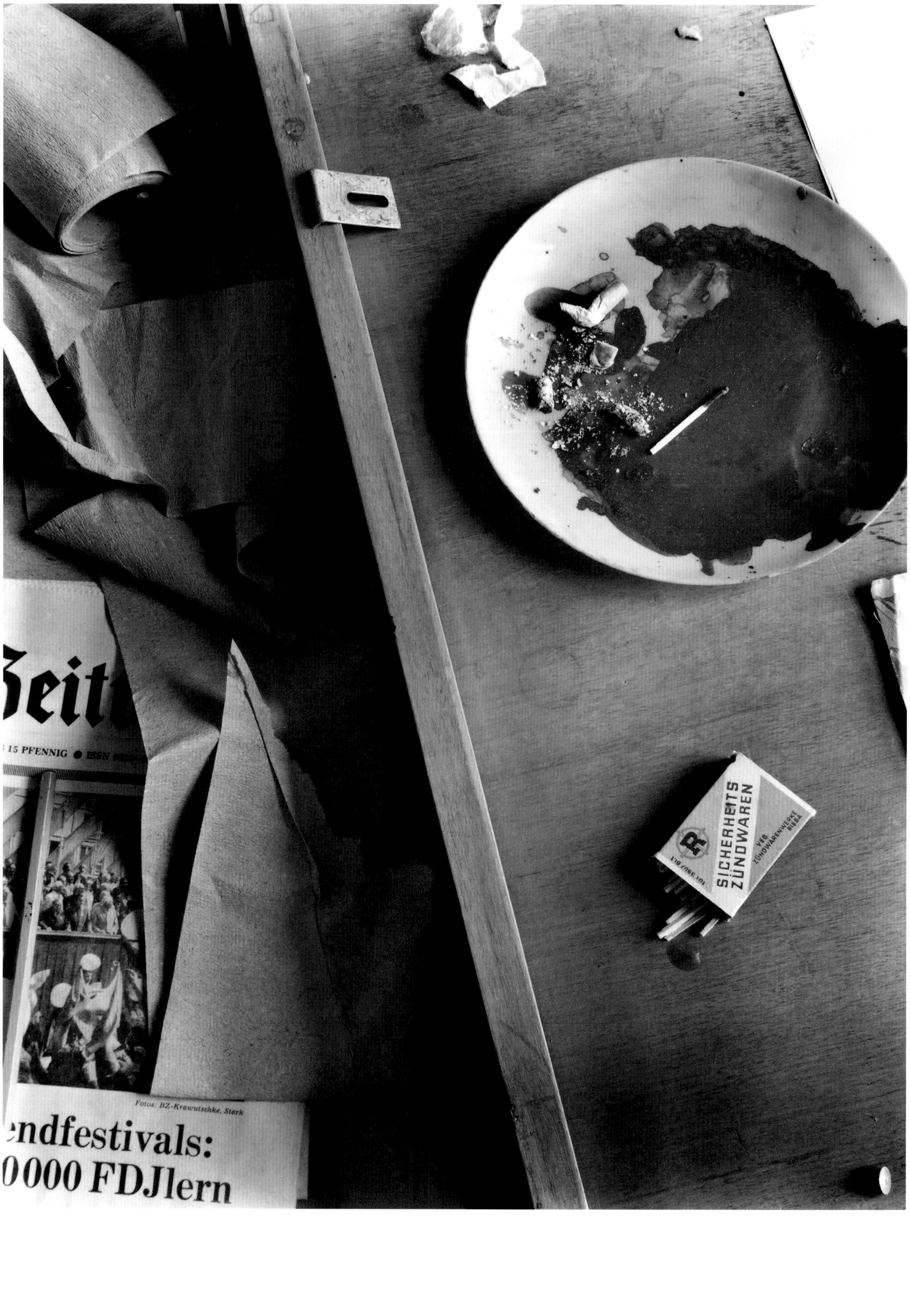

15 PFENNIG ● ISSN
Fotos: BZ-Krawutschke, Sterk
endfestivals:
0000 FDJlern
SICHERHEITS
ZÜNDWAREN

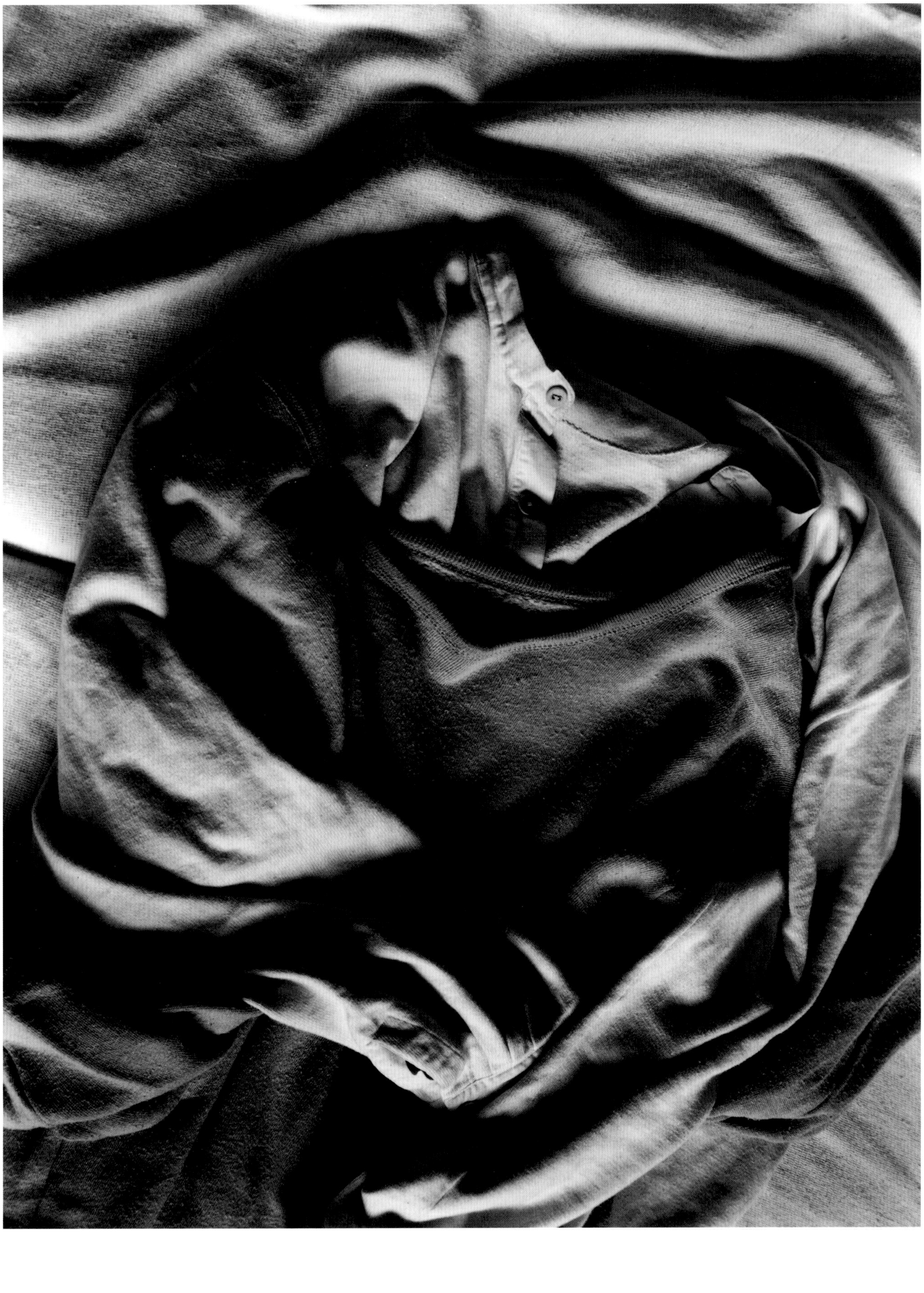

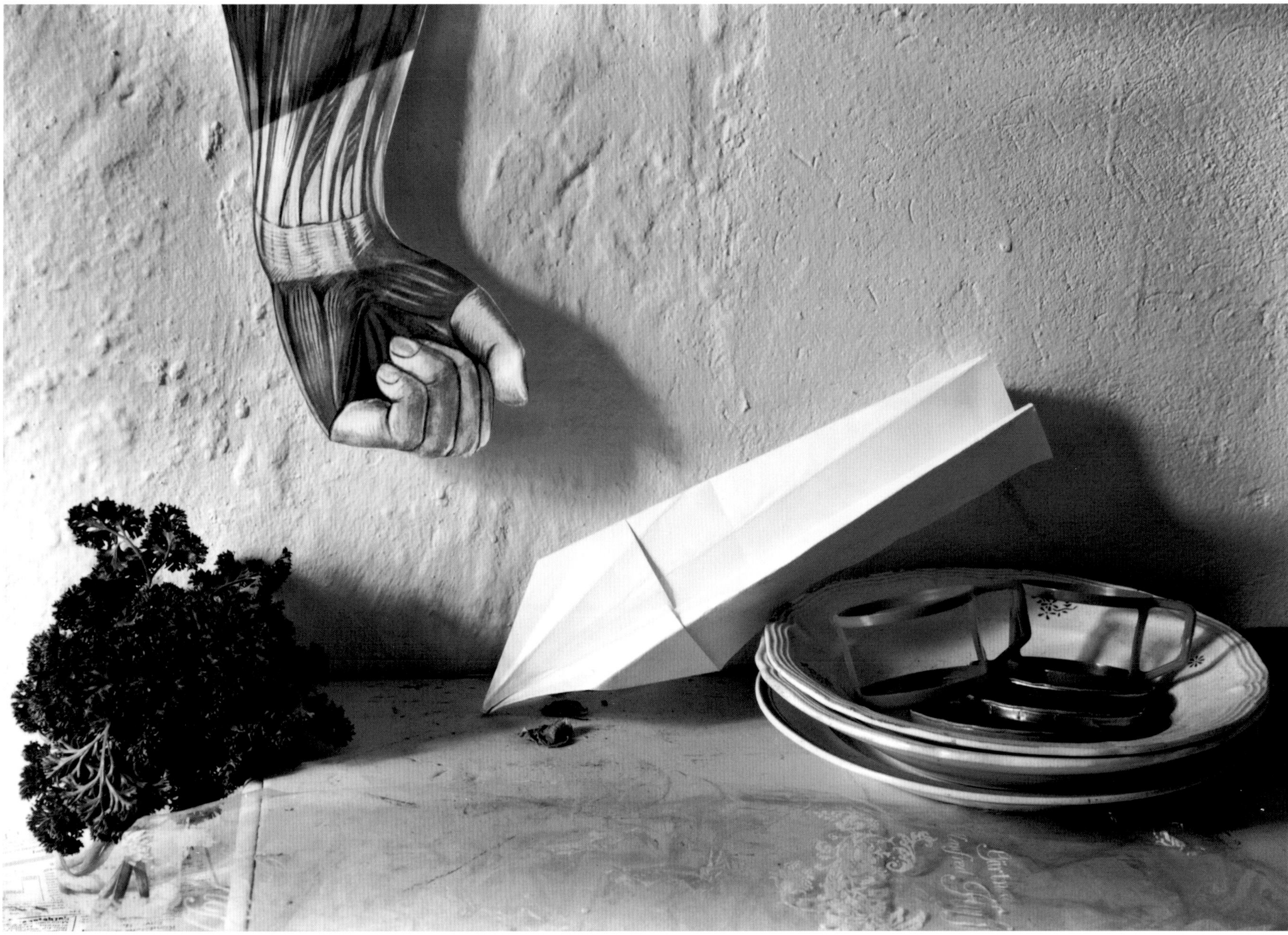

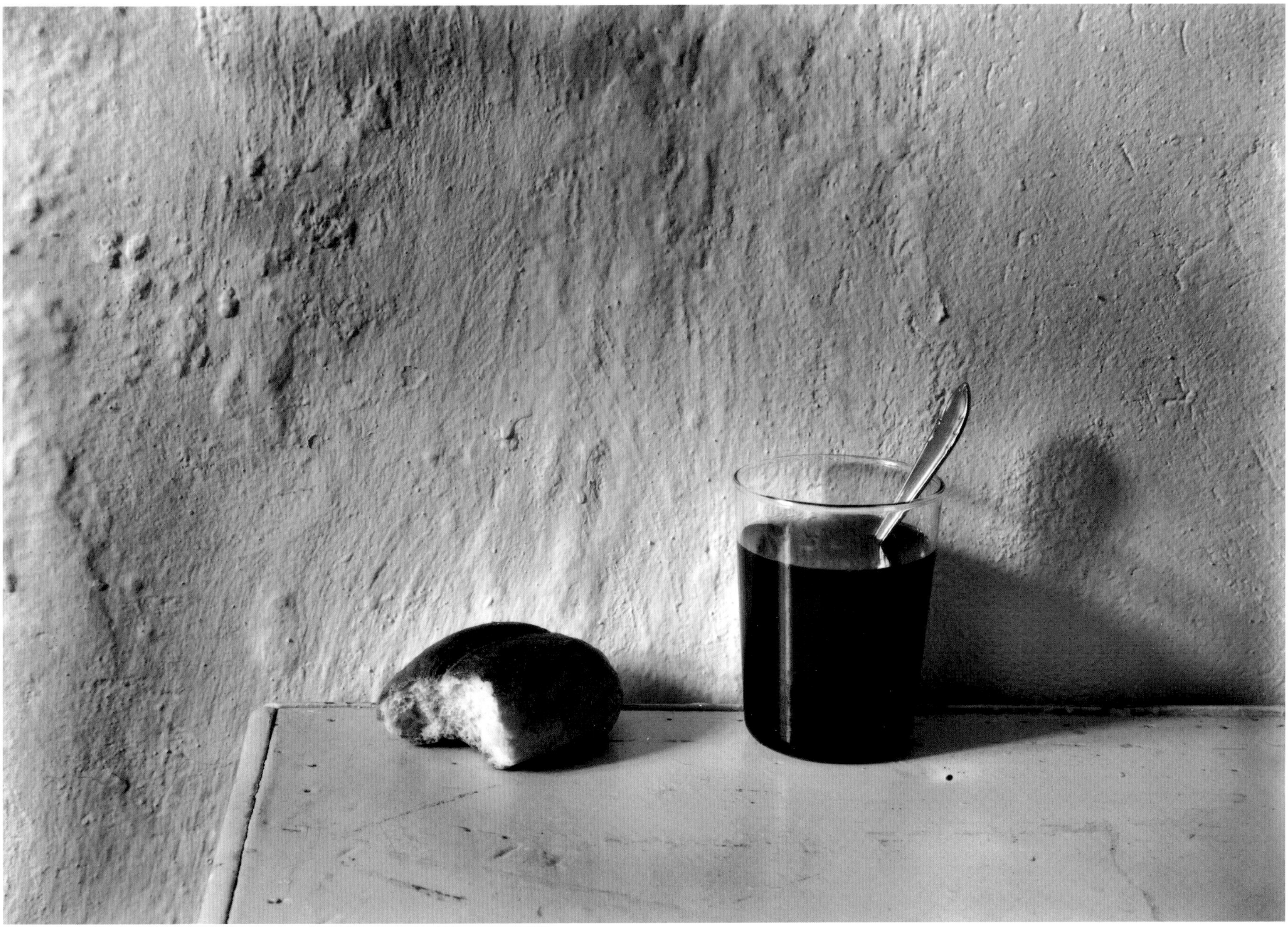

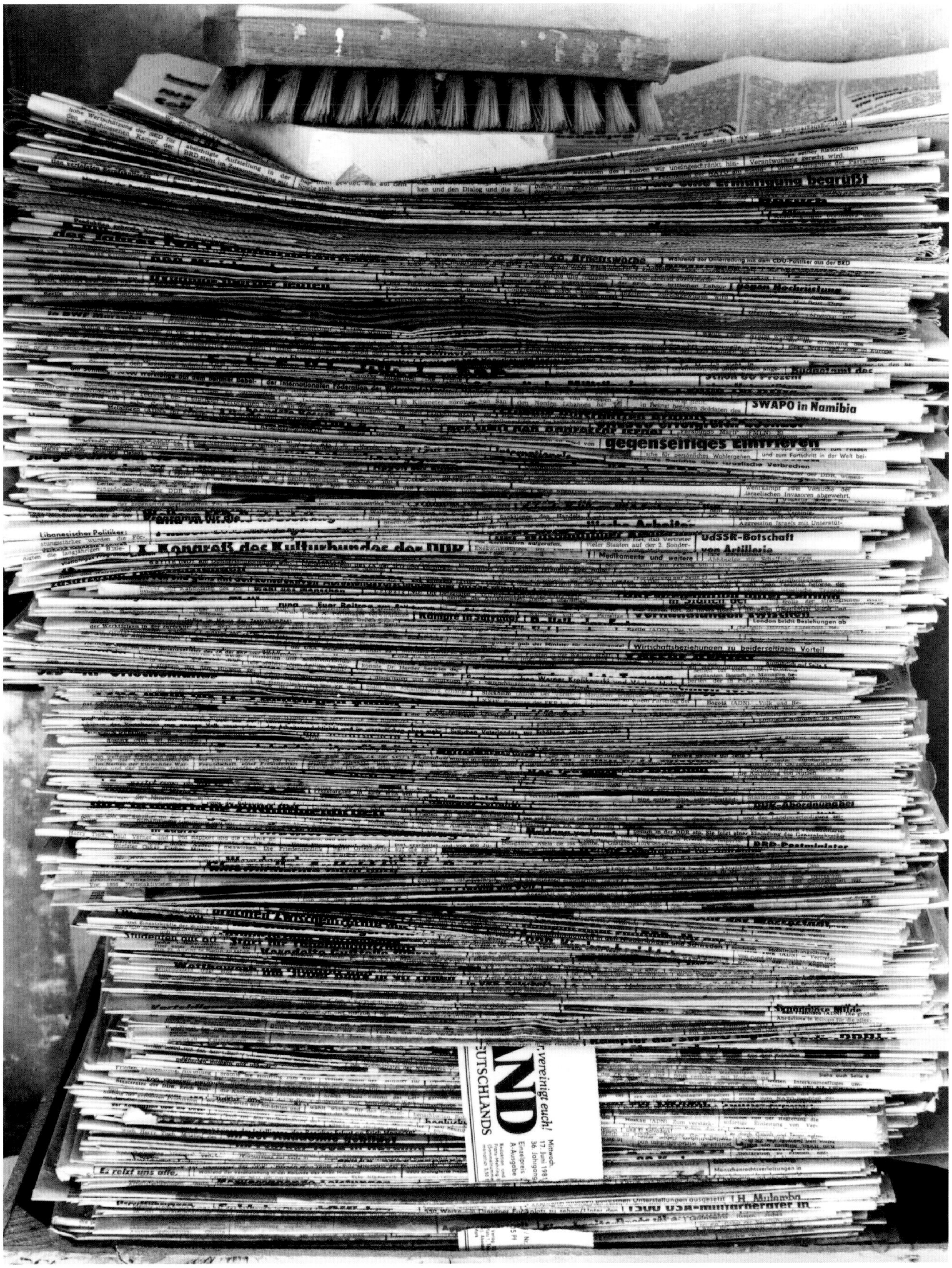
SWAPO in Namibia
gegenseitiges Einfrieren
UdSSR-Botschaft
Wirtschaftsbeziehungen zu beiderseitigem Vorteil
Libanesischer Politiker:
vereinigt euch!

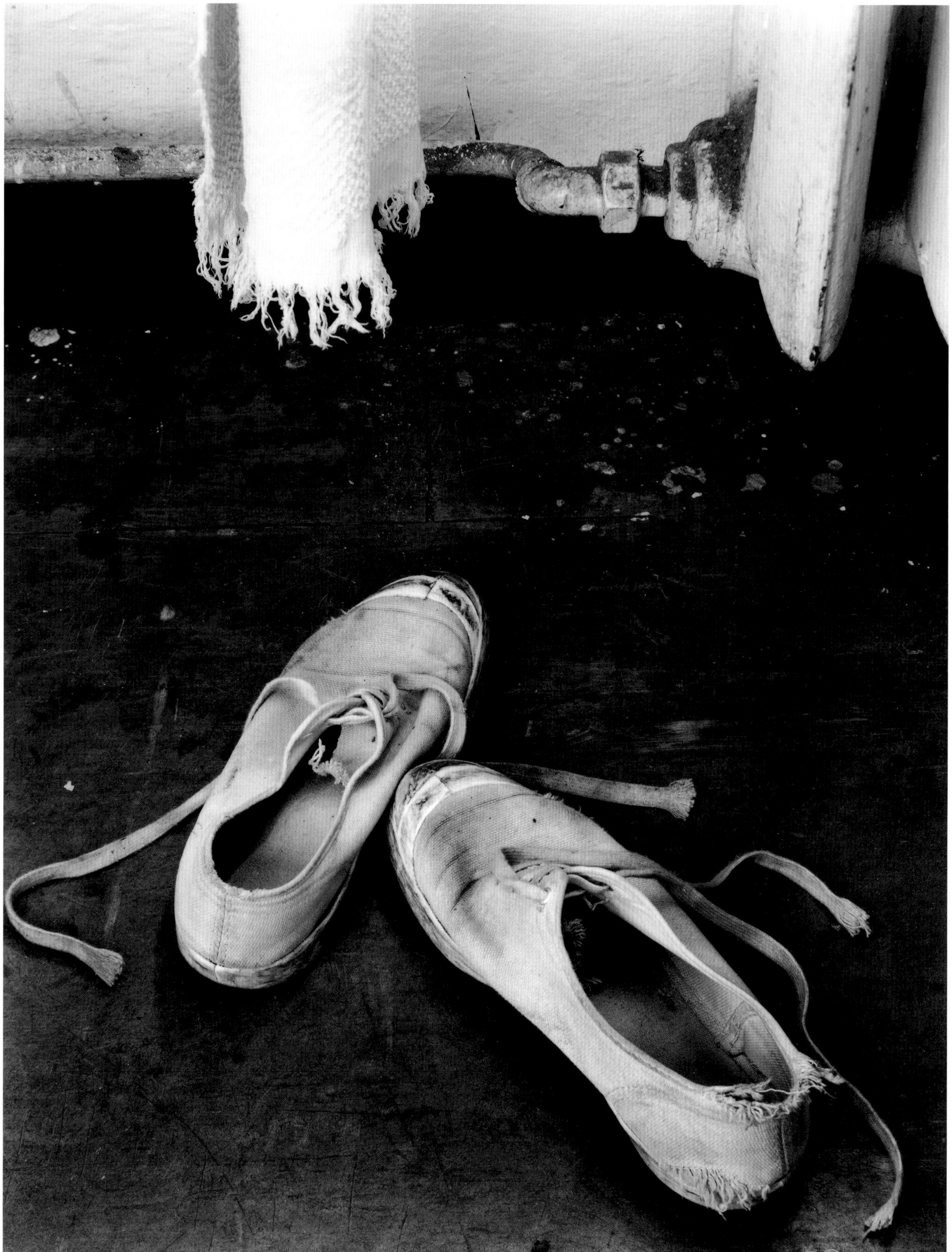

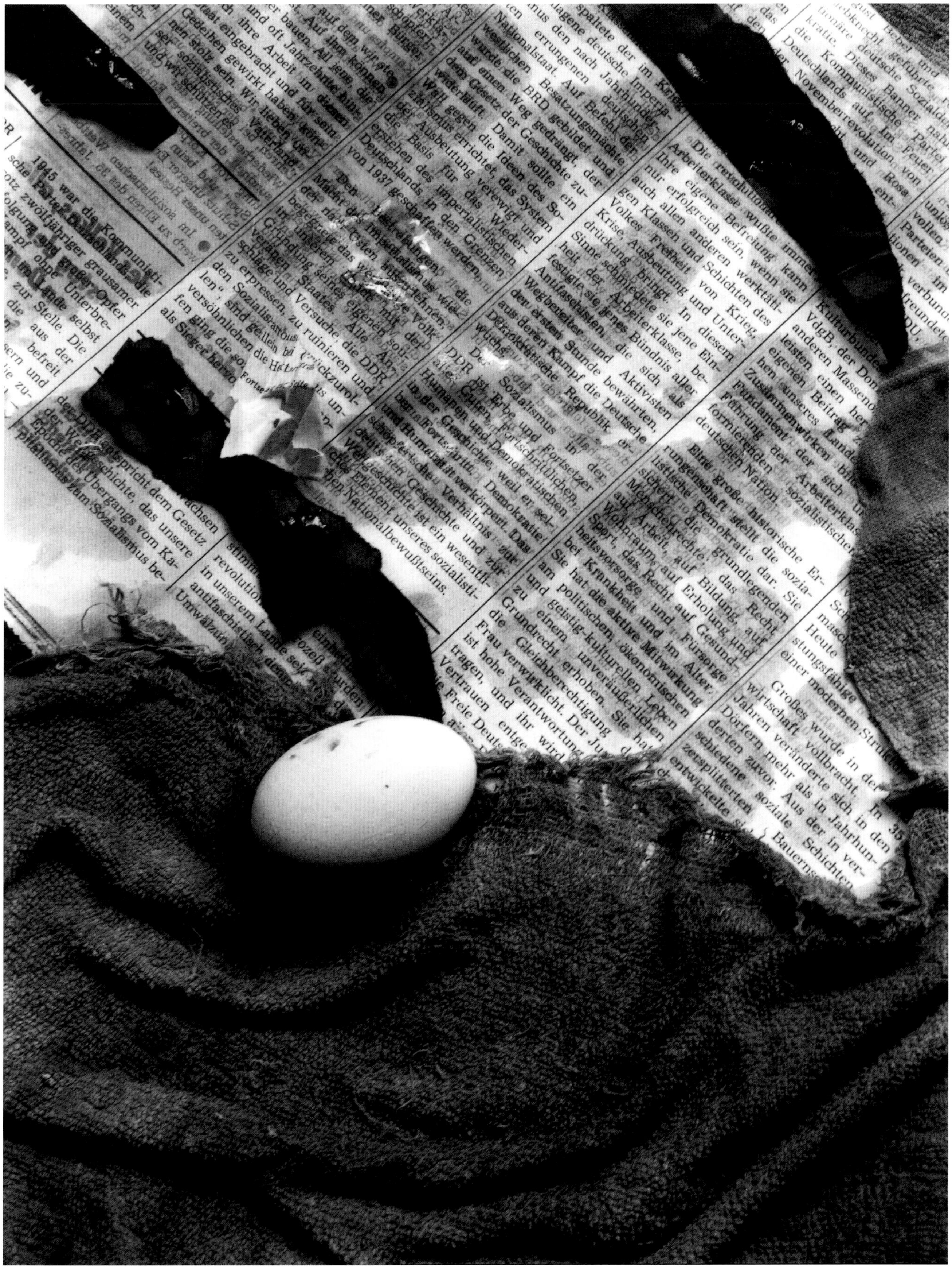

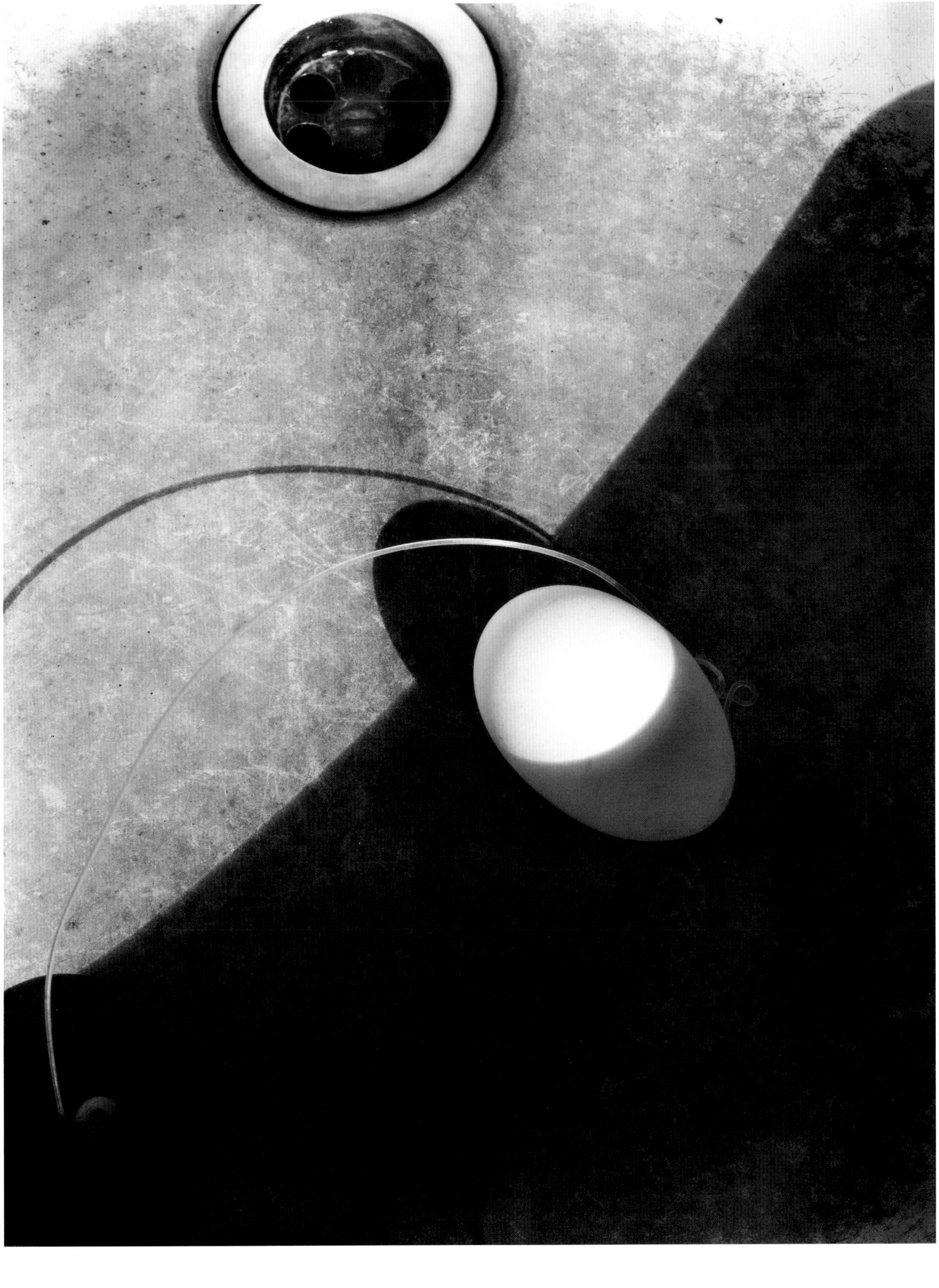

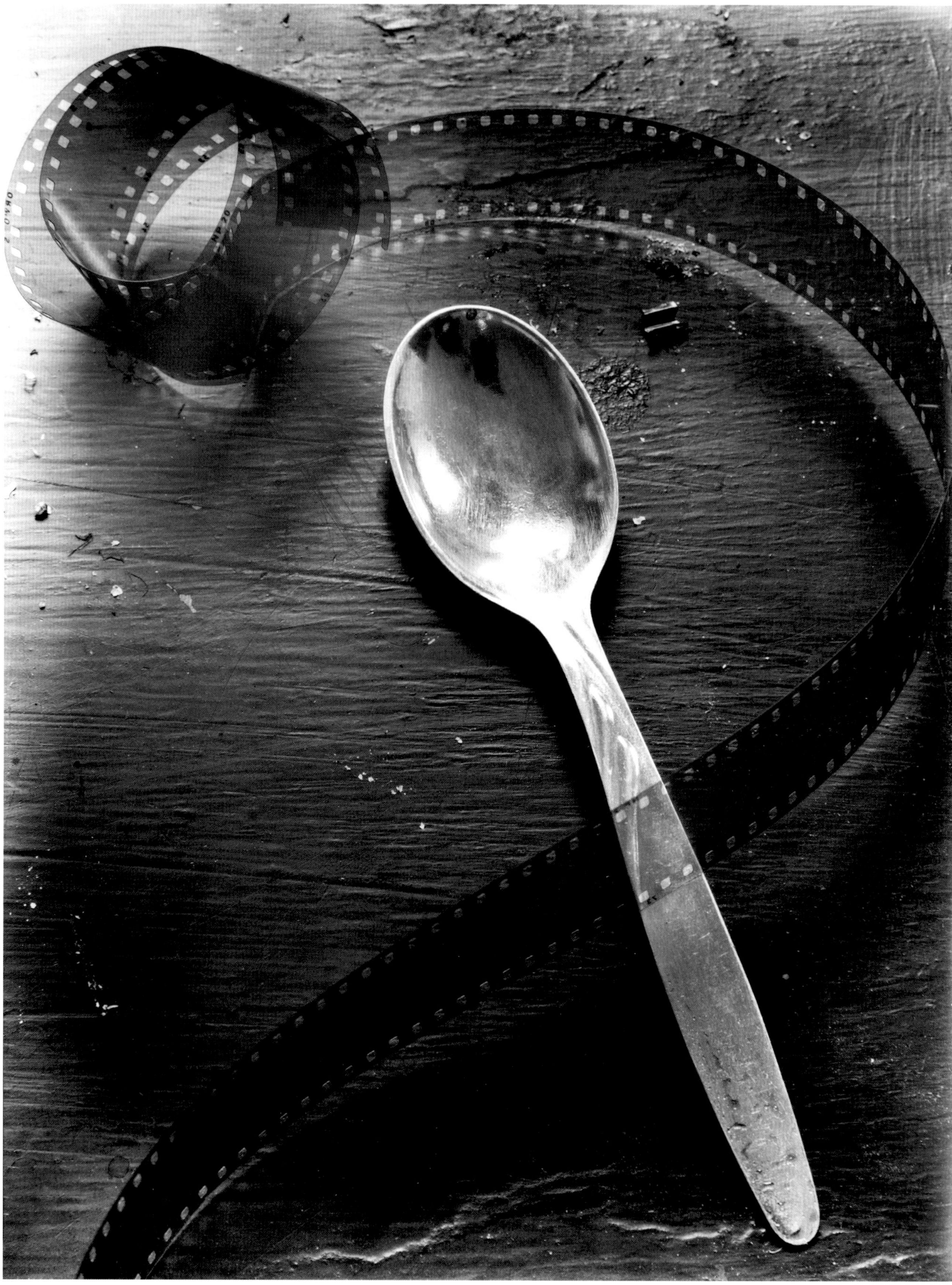

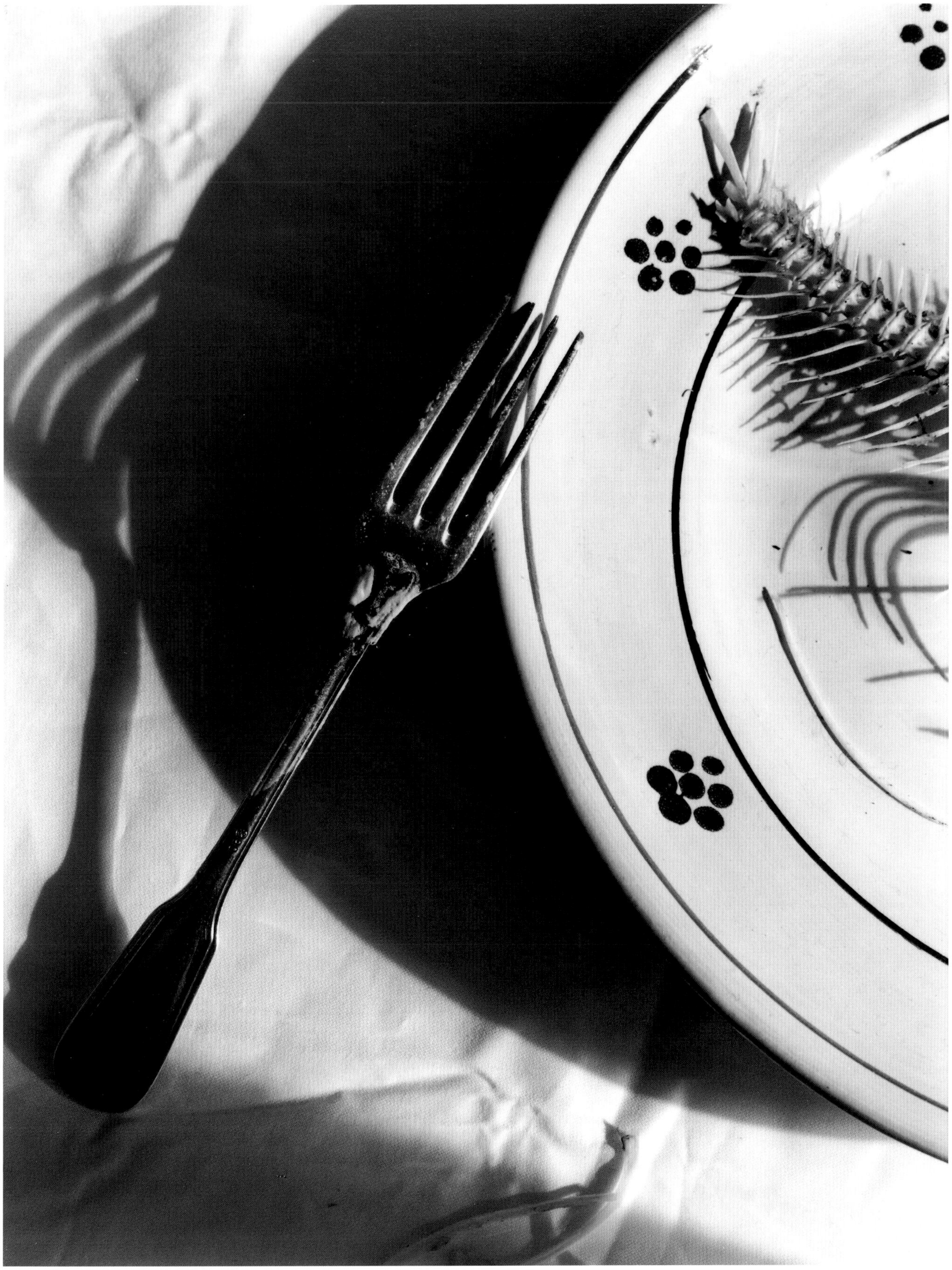

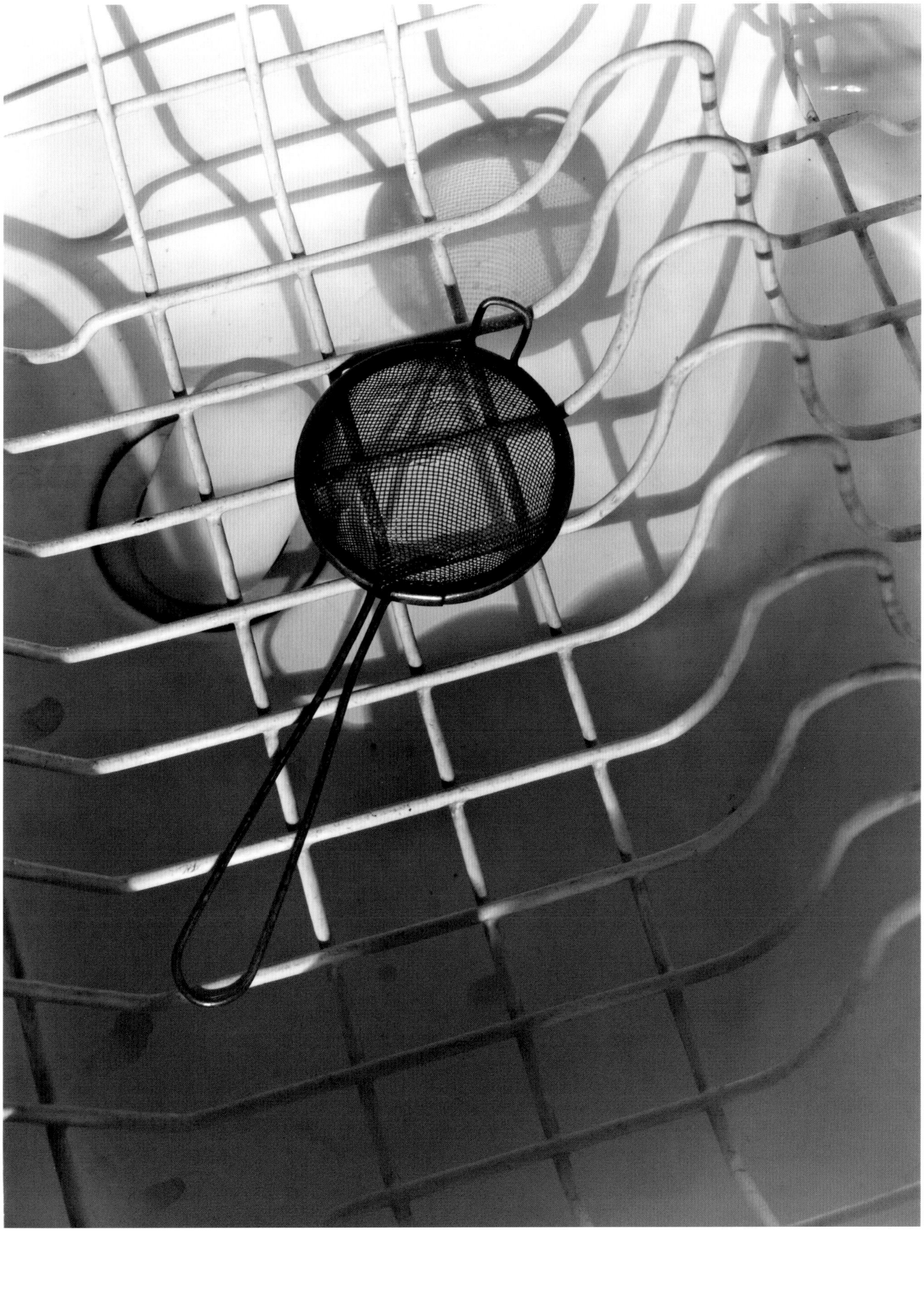

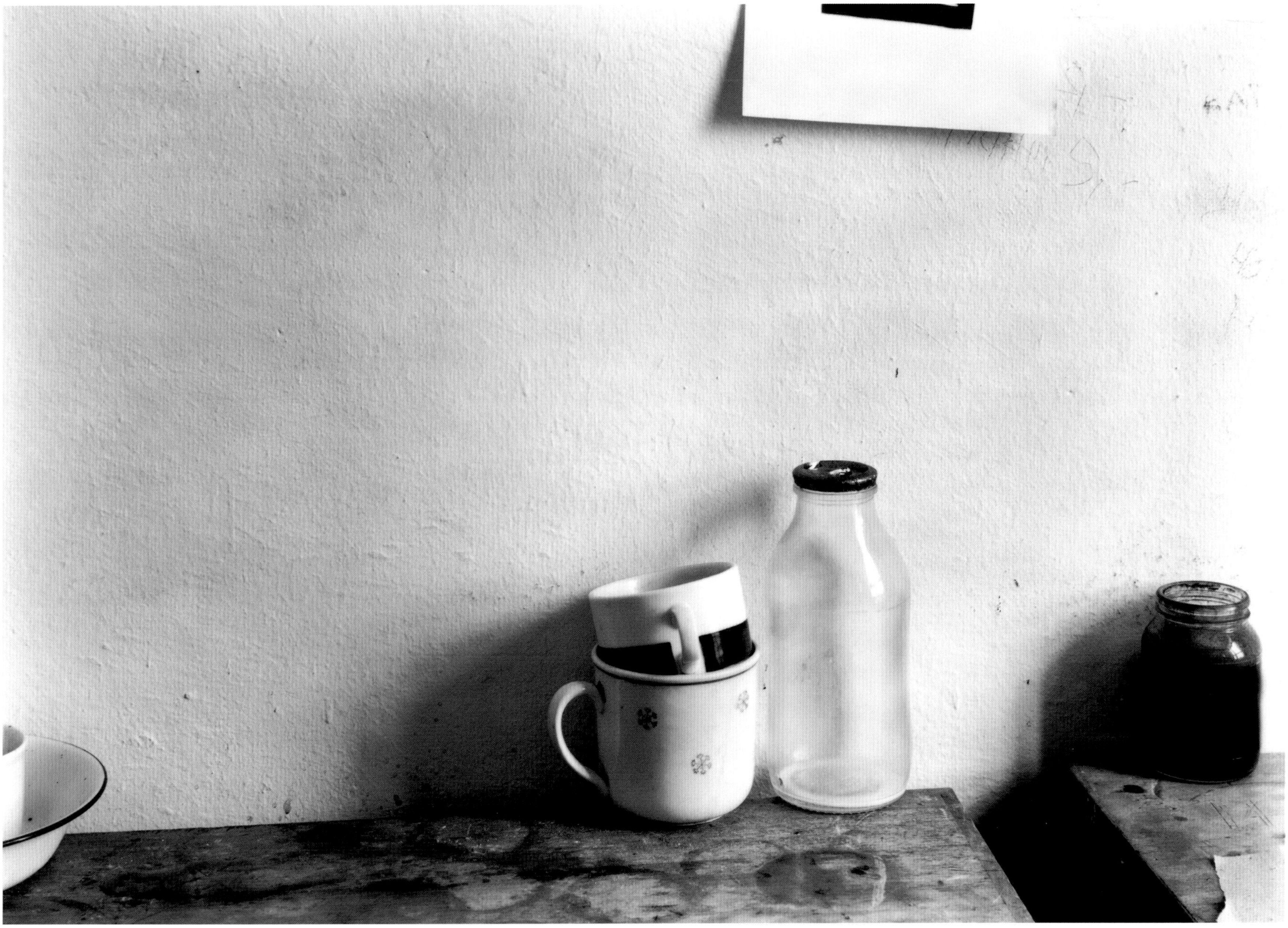

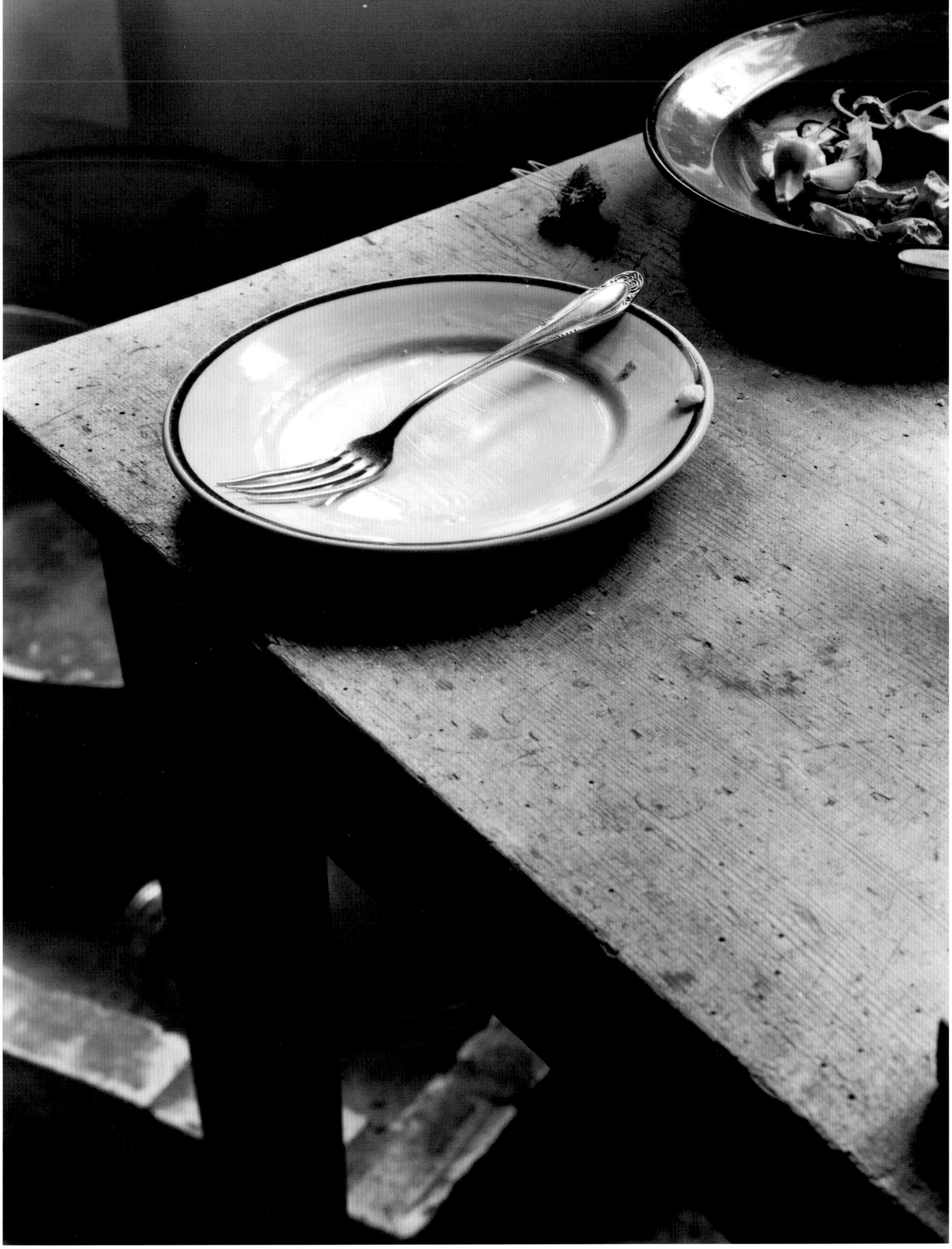

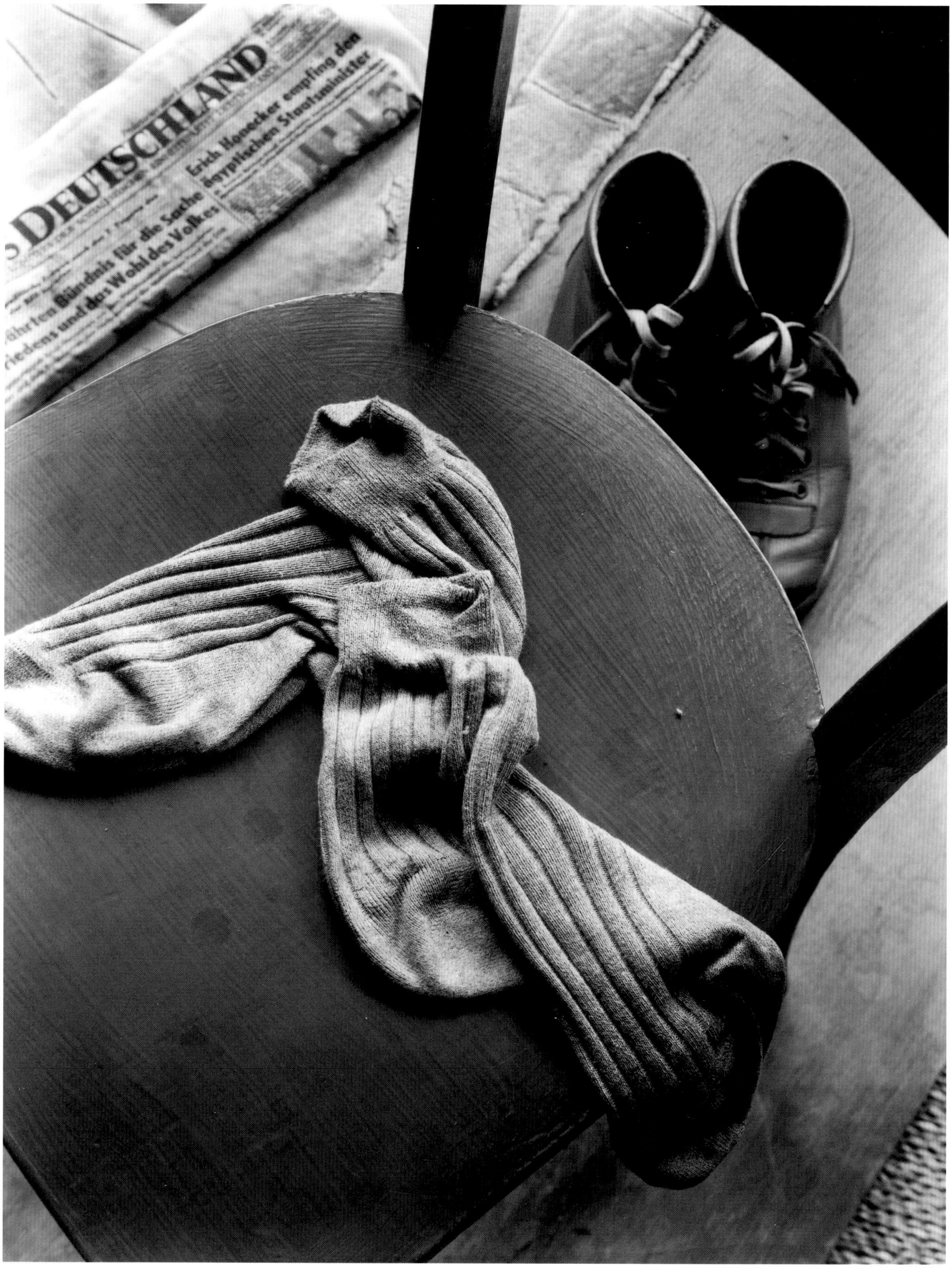
DEUTSCHLAND
Erich Honecker empfing den
ägyptischen Staatsminister
Bündnis für die Sache
das Wohl des Volkes

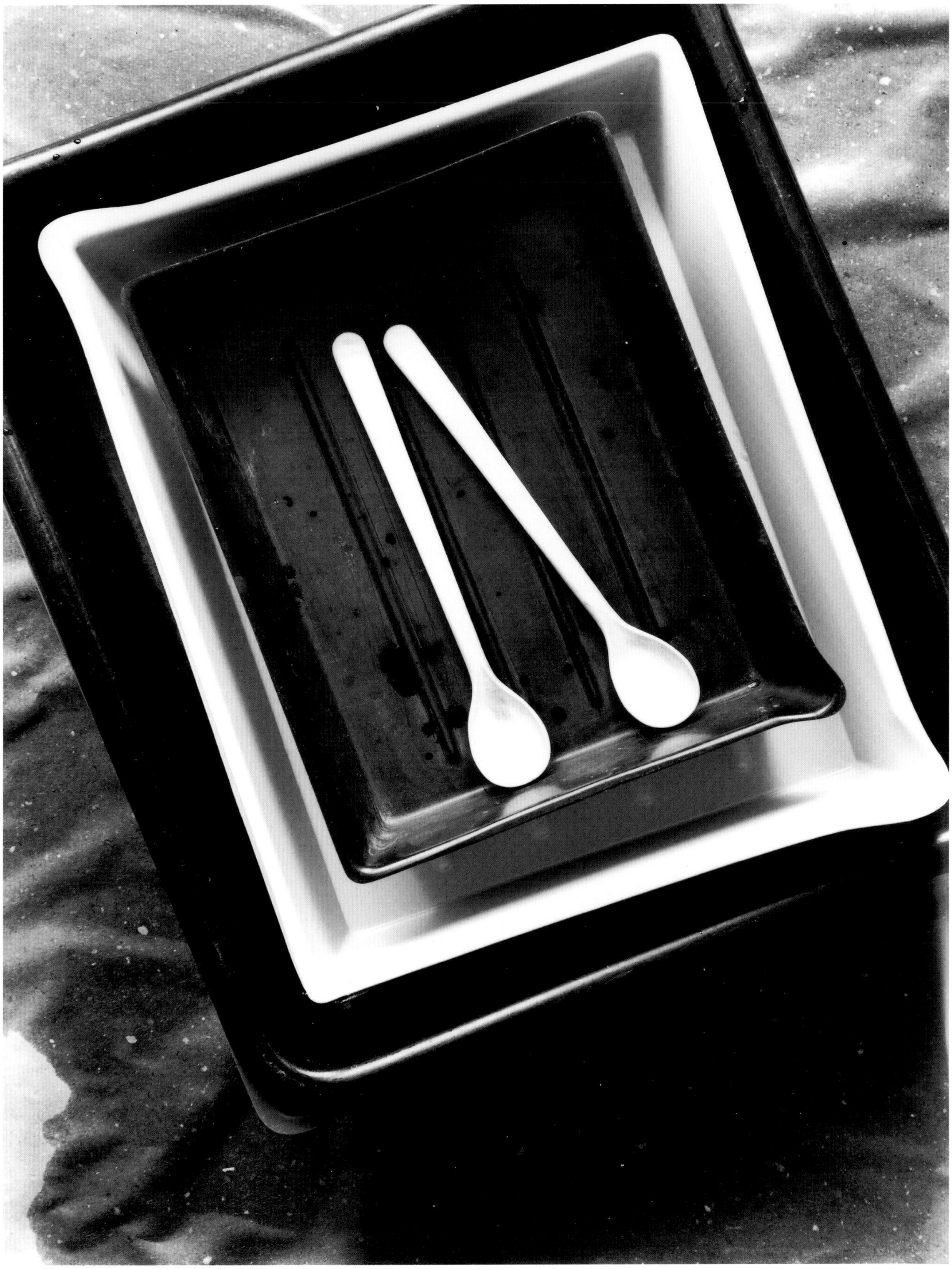

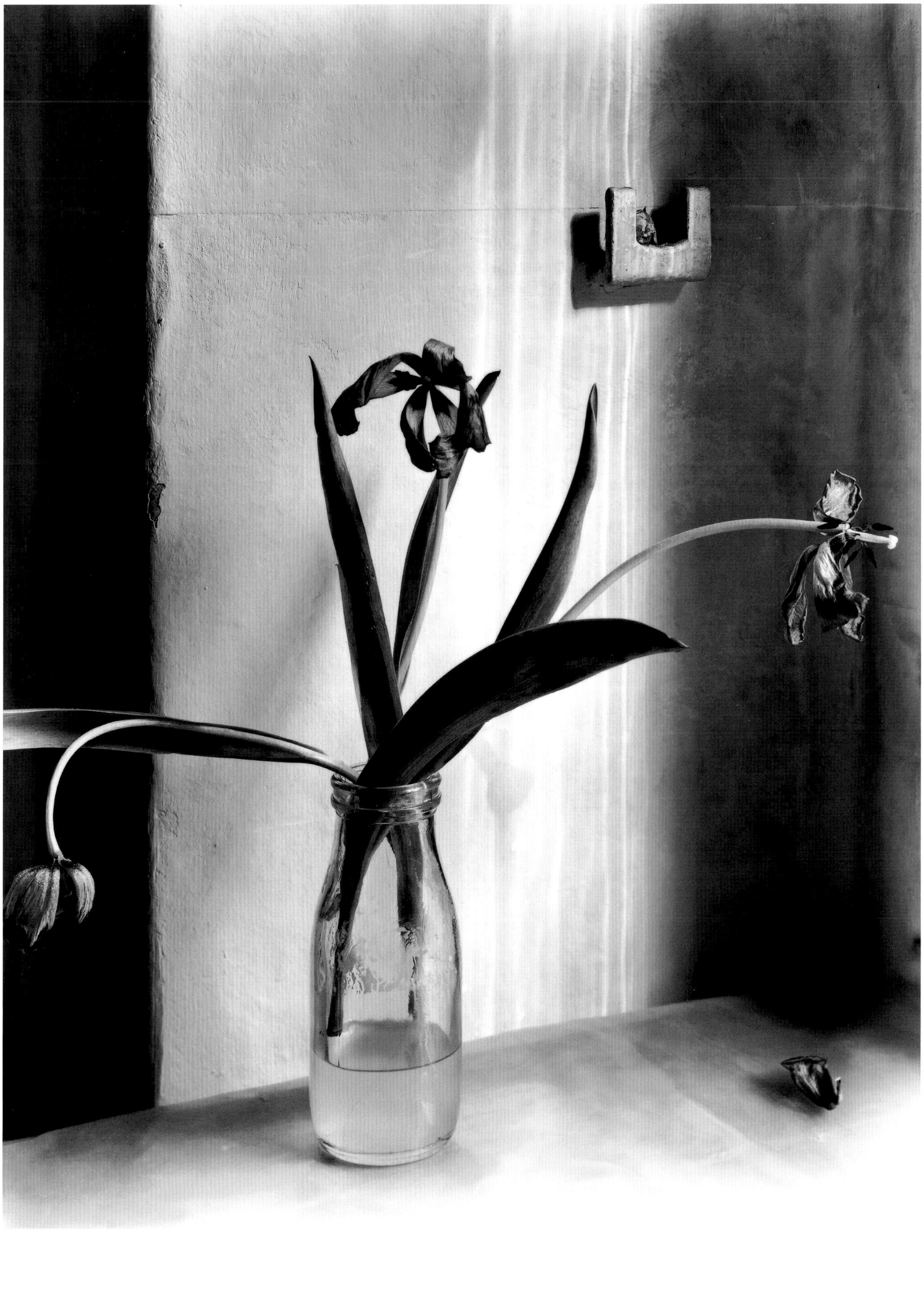

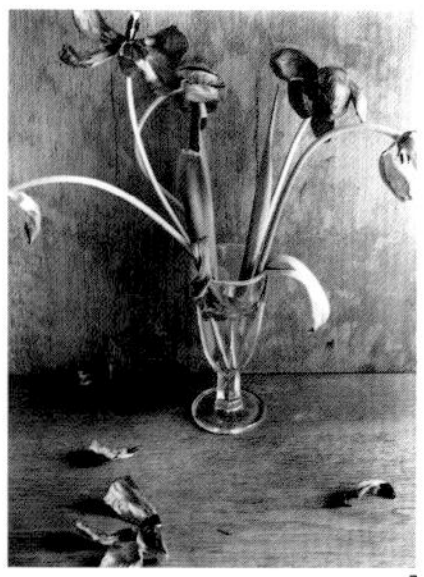
1

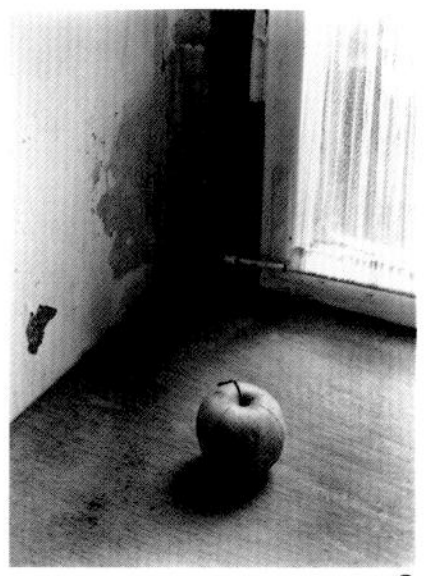
2

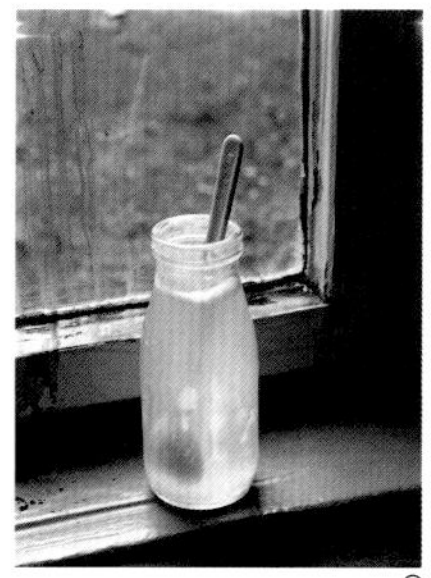
3

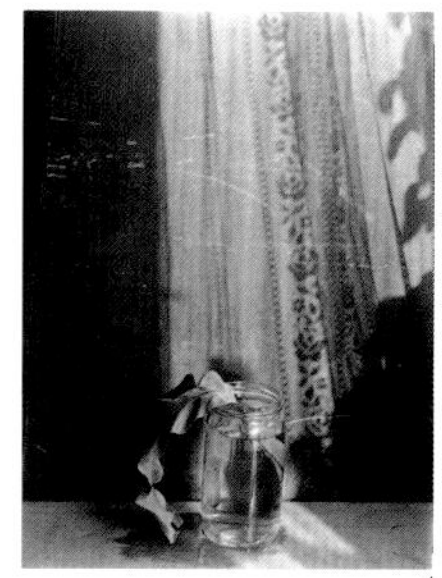
4

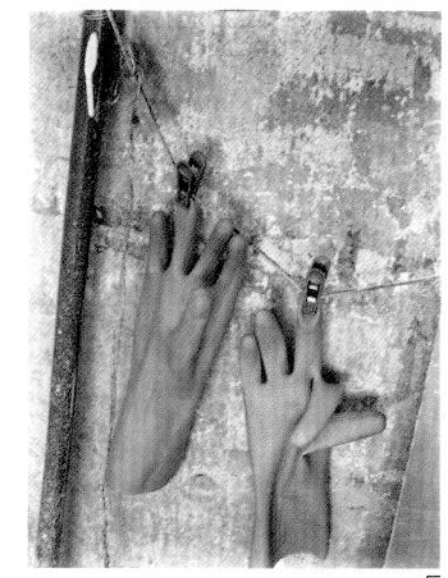
5

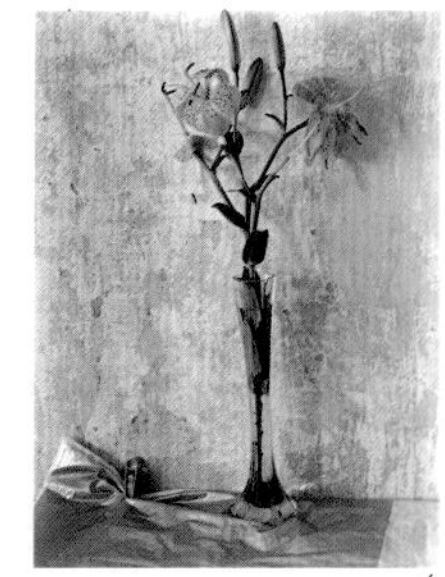
6

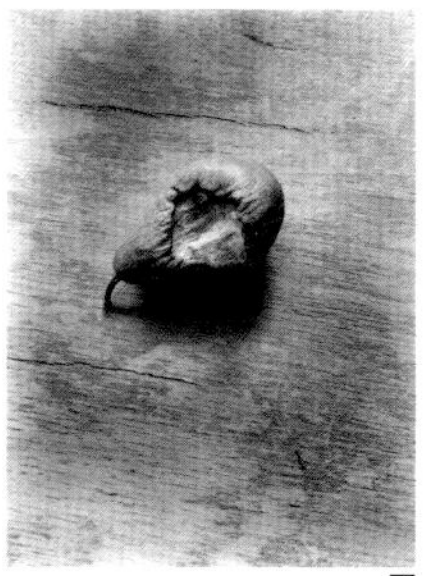
7

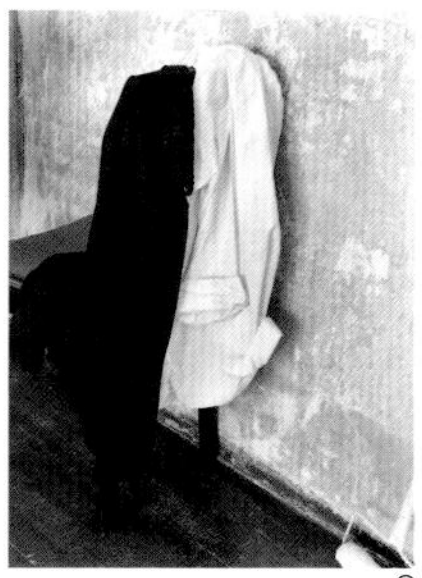
8

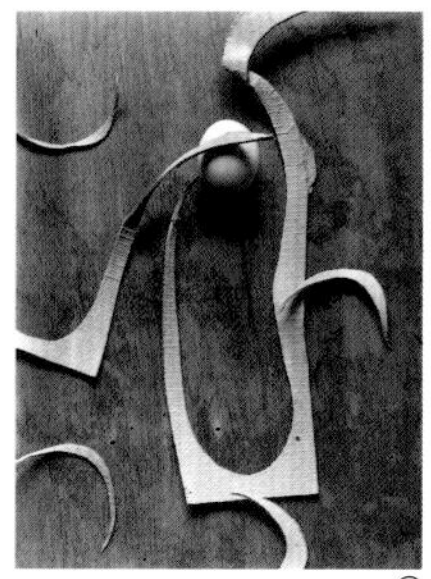
9

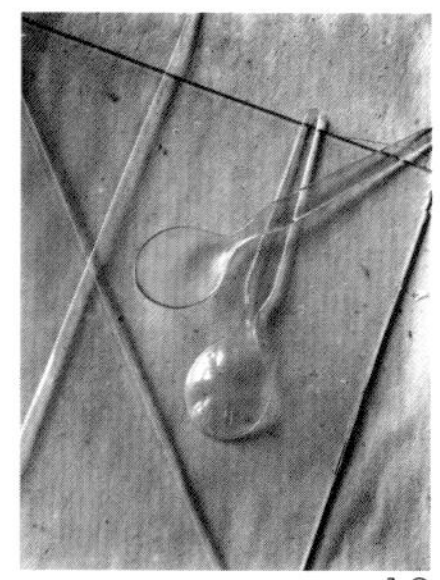
10

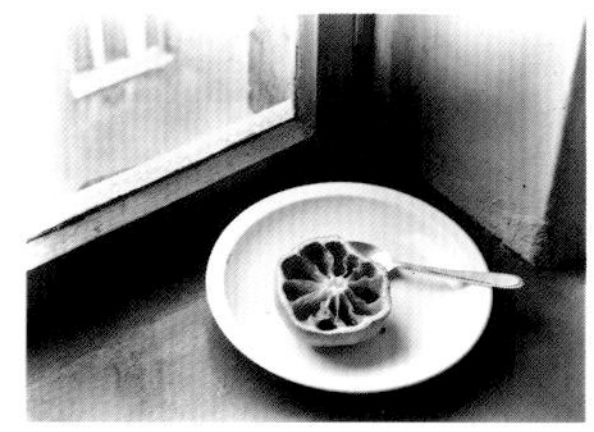
11

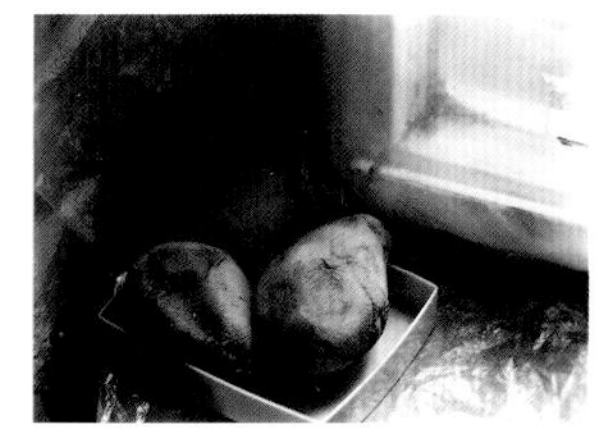
12

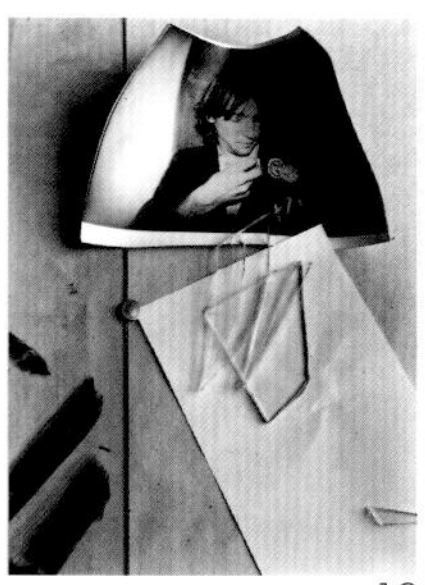
13

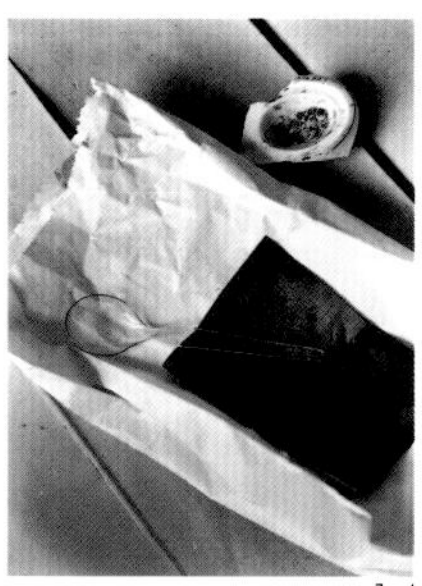
14

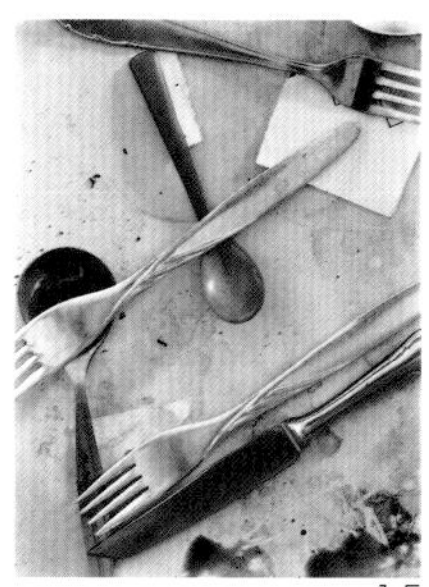
15

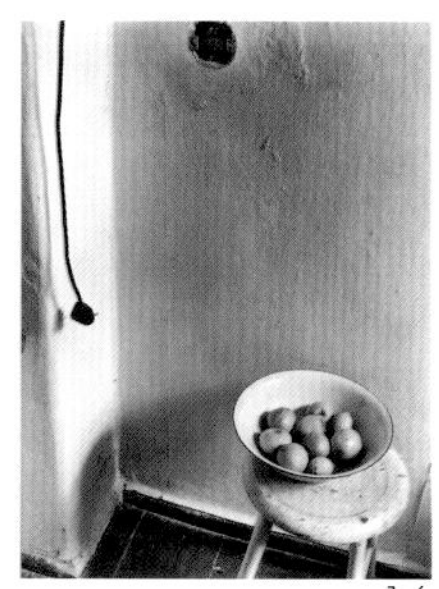
16

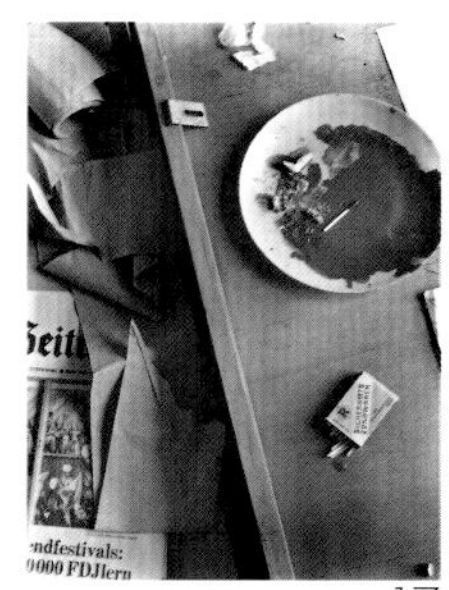
17

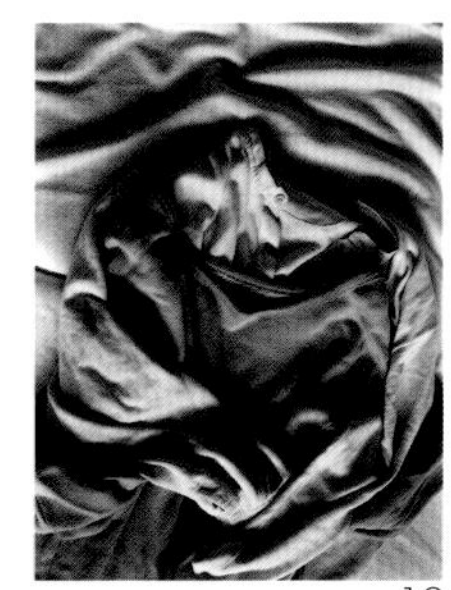
18

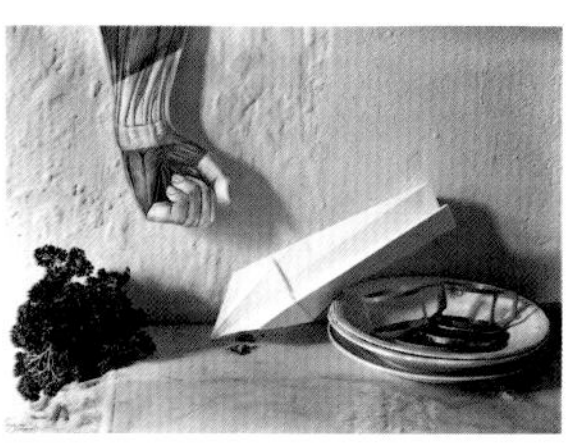
19

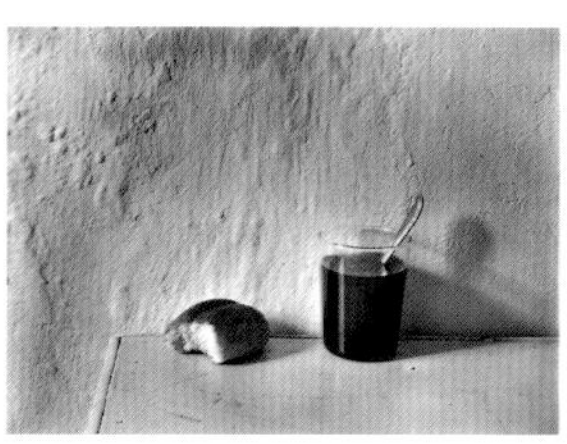
20

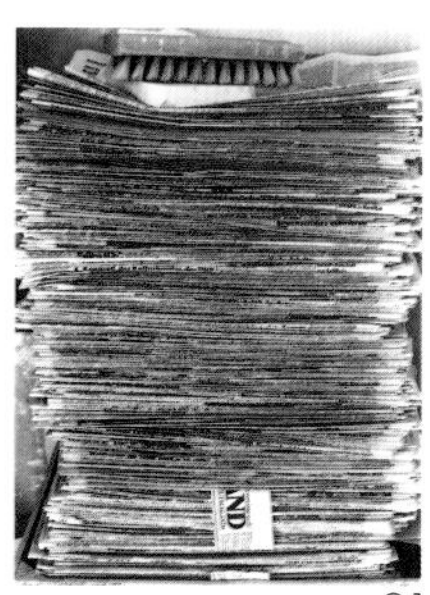
21

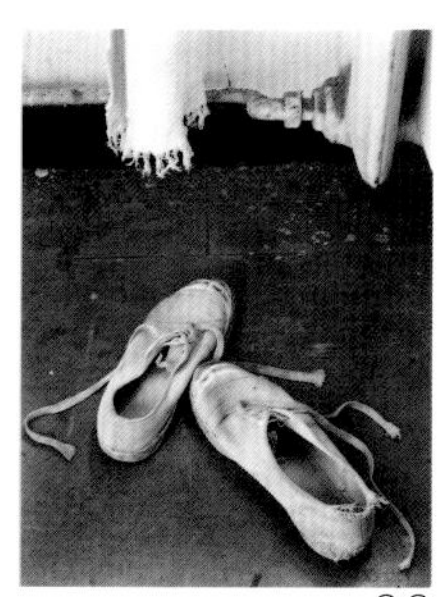
22

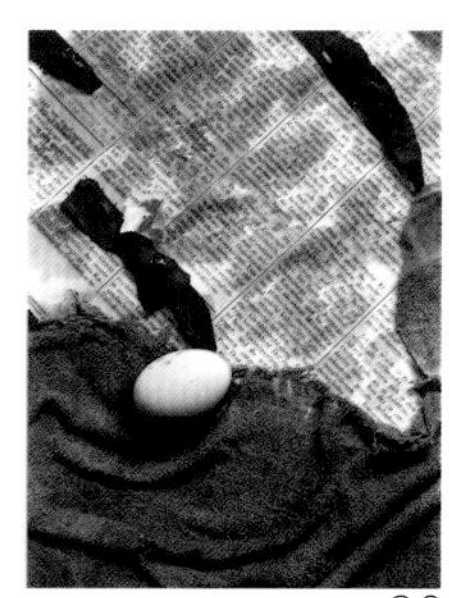
23

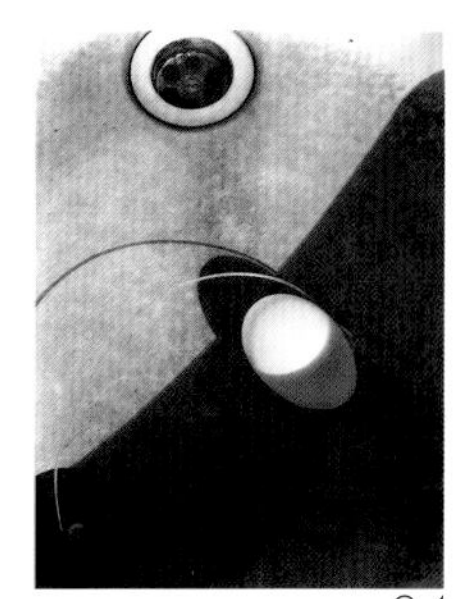
24

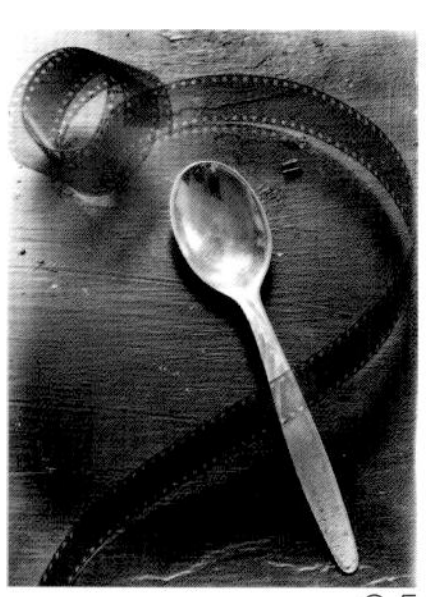
25

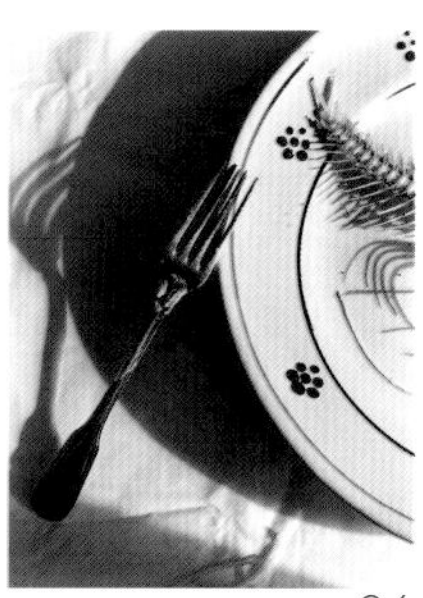
26

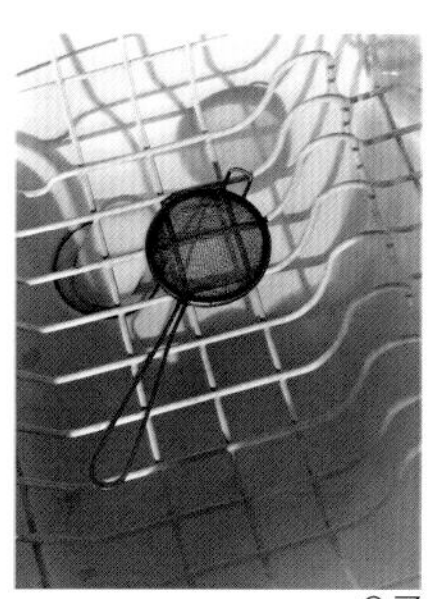
27

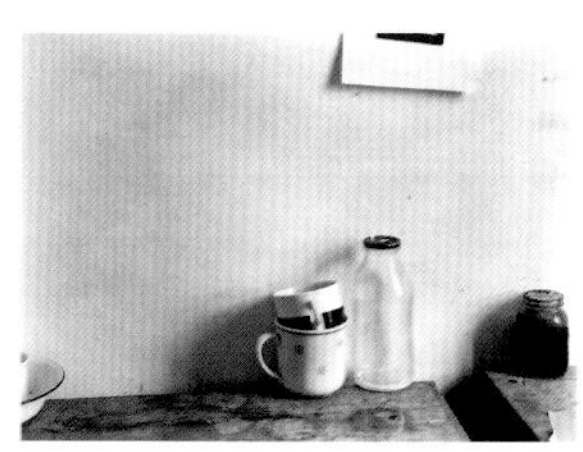
28

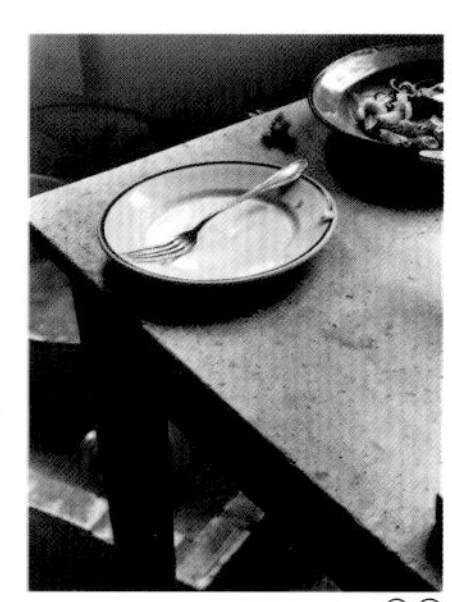
29

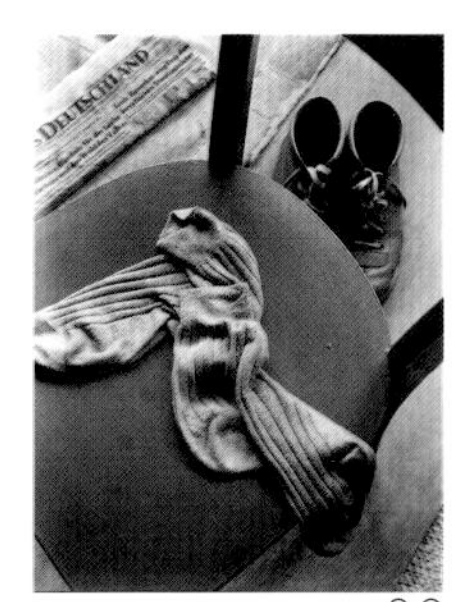
30

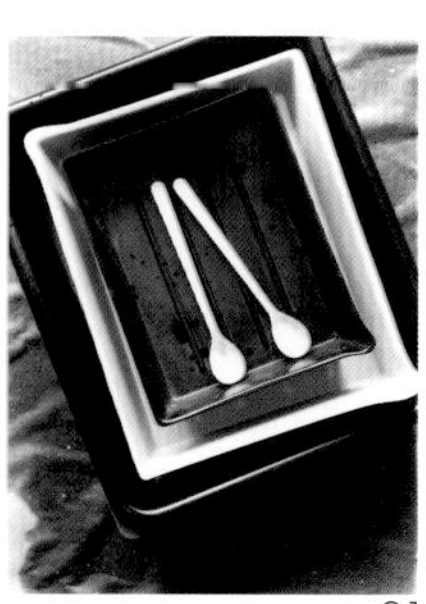
31

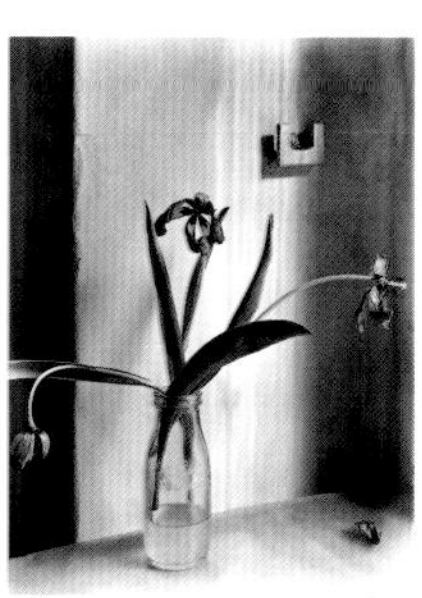
32

TAFEL PLATE			
1	VERBLÜHTER TULPENSTRAUSS	1984	WILTED TULIPS
2	APFEL AUF DEM FENSTERBRETT	1984	APPLE ON WINDOWSILL
3	MILCHFLASCHE IM FENSTER	1984	MILK BOTTLE IN WINDOW
4	GLAS MIT SCHATTEN	1985	GLASS WITH SHADOW
5	GUMMIHANDSCHUHE	1985	RUBBER GLOVES
6	LILIE MIT KLAMMER	1985	LILY WITH PEG
7	DIE ANGEBISSENE BIRNE	1984	NIBBLED PEAR
8	ZWEI HEMDEN AUF DEM STUHL	1985	TWO SHIRTS ON CHAIR
9	AUSGESCHNITTENE SCHUHSOHLE MIT EI	1984	CUT-OUT SHOE SOLE WITH EGG
10	ZWEI PLASTELÖFFEL AUF GLASSCHEIBE	1983	TWO PLASTIC SPOONS ON GLASS PANE
11	PAMPELMUSE MIT LÖFFEL	1984	GRAPEFRUIT WITH SPOON
12	ZWEI BIRNEN	1985	TWO PEARS
13	FOTO MIT GLASSCHEIBE	1984	PHOTO WITH GLASS PANE
14	ASCHENBECHER MIT PAPIERTÜTE	1983	ASHTRAY WITH PAPER BAG
15	BESTECKE	1983	CUTLERY
16	KÜCHENECKE	1985	KITCHEN NOOK
17	STREICHHÖLZER MIT ZEITUNG	1985	MATCHES WITH NEWSPAPER
18	ZWEI HEMDEN	1985	TWO SHIRTS
19	TELLER MIT FLUGZEUG	1885	PLATE WITH AEROPLANE
20	TEEGLAS MIT ANGEBISSENER SCHRIPPE	1985	TEA GLASS WITH NIBBLED BREAD ROLL
21	ZEITUNGSSTAPEL	1985	PILE OF NEWSPAPERS
22	TURNSCHUHE	1985	TRAINING SHOES
23	DAS EI AUF DEM LAPPEN	1984	EGG ON RAG
24	EI IM AUSGUSS	1984	EGG IN DRAIN
25	LÖFFEL MIT FILM	1983	SPOON WITH FILM
26	GABEL MIT FISCHTELLER	1985	FORK WITH FISHPLATE
27	SIEB IM AUSGUSS	1984	STRAINER IN SINK
28	TASSEN UND FLASCHE	1985	CUPS AND BOTTLE
29	TELLER MIT GABEL	1983	PLATE WITH FORK
30	SOCKEN	1985	SOCKS
31	ZWEI WEISSE LÖFFEL	1985	TWO WHITE SPOONS
32	TULPENSTRAUSS	1983	BUNCH OF TULIPS

BIOGRAFIE
BIOGRAPHY

Geboren 1942 in Schraplau, lebt in Berlin. Nach dem Abitur Tätigkeit als Steinbruch- und Gleisbauarbeiter. Fotolaborantenlehre, Fotolaborant. Bühnenarbeiter, Theaterfotograf und freischaffender Bildjournalist. Studium der Fotografie an der HGB Leipzig. Kamerastudium an der Hochschule für Film und Fernsehen Potsdam-Babelsberg. Dozent für Fotografie an der FWG Berlin (1974–1994). Professor für Fotografie und Audiovisuelle Medien an der FHTW Berlin (1995–2007). Lehraufträge an der Hochschule für Film und Fernsehen Potsdam-Babelsberg(1973/74), der HGB Leipzig (1991/92, 2006), der Hochschule für Bildende Künste Dresden (1993–1995) und der Hochschule für Fernsehen und Film München (1995). 1983–1985 erste Arbeiten mit der 18×24-Plattenkamera. Der Zyklus NATURE MORTE entsteht.

Manfred Paul was born in 1942 in Schraplau and lives in Berlin. After graduating from high school he worked as a quarry and track worker, followed by a photo laboratory apprenticeship and work as a photolab technician. He later took up work as a stagehand, theatre photographer and freelance photo journalist before studying photography at the HGB Leipzig and camerawork at the Hochschule für Film und Fernsehen in Potsdam-Babelsberg. He lectured in photography from 1974–1994 at the FWG Berlin and was subsequently appointed Professor of Photography and Audiovisual Media at the FHTW Berlin (1995–2007). He has also taught at the Hochschule für Film und Fernsehen in Potsdam-Babelsberg (1973/74), the HGB Leipzig (1991/92, 2006), the Hochschule für Bildende Künste Dresden (1993–1995) and the Hochschule für Fernsehen und Film in Munich (1995). From 1983–1985 he made his first works using an 18×24 cm plate camera as a result of which the NATURE MORTE series was produced.

AUSSTELLUNGEN (AUSWAHL)
EXHIBITIONS (SELECTION)

EINZELAUSSTELLUNGEN
SOLO EXHIBITIONS

1980	Galerie der LVF, Vilnius
1982	Galerie des Fotografieverbandes, Bukarest Bucharest
1985	Kunstsammlungen Cottbus
1986	Musée des beaux-arts d'Orleans
1987	Prater Galerie Berlin
1988	Musée d'Albi
1989	Kunstsammlungen Schwerin
1990	Galerie Agathe Gaillard, Paris
	Salle polyvalente, Strasbourg
1992	Galerie S. Göpfert, München Munich
1994	Mies van der Rohe Haus, Berlin
	Galerie Bodo Niemann, Berlin
1995	Kulturbrauerei, Berlin
1996	Guardini Stiftung, Berlin
1998	Galerie argus fotokunst, Berlin
	PAYSAGE URBANITÉ, Institut Claude-Nicolas Ledoux, Arc-et-Senans
1999	Galerie Kafka, Schwerin
2000	Galerie S. Aurich-Rogge, Dresden/Medingen
2001	Dom zu Schwerin
	Galerie Herzattacke Berlin
2003	Galerie argus fotokunst, Berlin
	Wollhalle Güstrow
	Galerie Falkenbrunnen, Dresden
2005	Galerie Refugium, Dresden
2007	Galerie Eva Tent, Koblenz
2009	KÖRPERLANDSCHAFTEN, Schloss Wiligrad am Schweriner See
2010	STILLEBEN, Galerie argus fotokunst, Berlin
2011	FOTOGRAFIE MANFRED PAUL, Kunstallianz, Berlin
2013	BERLIN-NORDOST MANFRED PAUL, Collection Regard / Marc Barbey
	MANFRED PAUL, FOTOGRAFIE, Berlin, Galerie Pankow
2015	MANFRED PAUL, FOTOGRAFIE, Forum für Fotografie, Köln Cologne
	EN PASSANT, Collection Regard / Marc Barbey
2016	MANFRED PAUL, WERKZYKLEN, dkw. Kunstmuseum Dieselkraftwerk Cottbus

GRUPPENAUSSTELLUNGEN
GROUP EXHIBITIONS

1976	Salle polyvalente, Saint-Denis
1978	YOUNG EAST GERMANS, Camden Arts Centre, London
	Centro Culturale, Rom Rome
1979	FOTOGRAFIE IN DER DDR, Stadthalle Köln-Gürzenbach
1983	BUGÜNÜN AVRUPA FOTOGRAFIE, Dost Sanat Ortami, Ankara
1985	Centre Culturel Cherbourg, Museé Municipal de Brest, Maison de la Culture André Malraux de Reims
1986	Kulturzentrum Buenos Aires
1987	Kulturzentrum Neu-Delhi New Delhi
1989	FOTOGRAFEN IN DER DDR, Mexiko Mexico
1990	BERLIN, NOVEMBER 1989, Berlinische Galerie, Berlin; 1993: Madras, Bangalore, Hyderabad, Indien India
	OSTEUROPÄISCHE FOTOGRAFIE, Musée de l'Elysée, Lausanne
1991	ÜBERGÄNGE — FOTOGRAFIE IN DER DDR, Eisenwerk Frauenfeld, Schweiz Switzerland
1992	LE CHOIX DE MADELEINE »LA DECLARATION«, Centre regional d'art contemporain Alsace, Altkirch
1996	Kunsthalle Kopenhagen (anlässlich KOPENHAGEN, KULTURSTADT EUROPAS)
	Raab Galerie Berlin
2004	UTOPIE UND WIRKLICHKEIT, Forum für Fotografie, Köln; 2005: Willy-Brandt-Haus, Berlin
	ZEITGENÖSSISCHE FOTOGRAFIE, LUMAS Editionsgalerie, Köln Cologne
	SEHNSUCHTSBILDER, LUMAS Editionsgalerie, Berlin; 2006: LUMAS Editions Gallery, New York
2005	POLAROID ALS GESTE, Museum für Photographie, Braunschweig
	ALETHEIA, Galerie im Stadtmuseum, Jena
2007	UN MUR, UN TROU ET UN VISAGE, Maison d'art B. Anthonioz, Nogent-sur-Marne
2008	DIE FARBE SCHWARZ, Schloss Wiligrad am Schweriner See
	PHÖNIX, Coselpalais Dresden
	(MÄRKISCHER) SAND, kunst.museum.dieselkraftwerk.cottbus
2009	STILLEBEN IN FOTOGRAFIE UND MALEREI, Galerie Tammen, Berlin
	20 JAHRE DEUTSCHE EINHEIT, Kunsthalle Schweinfurt
2010	KÖRPERNAH — AKTE / NUDES, Galerie Tammen, Berlin
	FOTOGRAFIE HEUTE, Kunstsammlungen Neubrandenburg
2012	GESCHOSSENE GESELLSCHAFT — KÜNSTLERISCHE FOTOGRAFIE IN DER DDR, Berlinische Galerie Landesmuseum für moderne Kunst
2014	HEIMAT, NRW Forum Düsseldorf DZ Bank

WERKE IN SAMMLUNGEN (AUSWAHL)
WORKS IN COLLECTIONS (SELECTION)

- Berlinische Galerie, Landesmuseum für moderne Kunst, Fotografie und Architektur, Berlin
- Staatliche Museen zu Berlin, Kunstbibliothek
- Kupferstich-Kabinett Dresden
- Museum Ludwig, Köln Cologne
- Musée de l'Elysée, Lausanne
- The Museum of Modern Art, New York
- Bibliotheque nationale de France, Paris
- Collection Michèle et Michel Auer, Schweiz Switzerland
- Collection Durrenberger, Strasbourg
- dkw Kunstmuseum Dieselkraftwerk Cottbus
- DZ Bank Frankfurt/Main

BIBLIOGRAFIE (AUSWAHL)
BIBLIOGRAPHY (SELECTION)

MONGRAFISCHE PUBLIKATIONEN
MONOGRAPHIC PUBLICATIONS

- Manfred Paul. Fotografien, Kunstsammlungen Cottbus 1985
- Manfred Paul, Musée des beaux-arts d'Orleans 1986
- Manfred Paul. Fotografien, Mies van der Rohe Haus Berlin 1994
- Malcolm de Chazal, Manfred Paul: Plastische Sinne (Sens-plastique), Aletheia IV, Berlin 1996
- Paysage urbanité, Arc-et-Senans/Berlin 2000
- Das Auge gibt dem Körper Licht, hrsg. von ed. Ulrich Kafka, Evangelisch-Lutherische Domgemeinde Schwerin 2001
- Am Rande der stehenden Zeit, Berlin-Nordost 1974–1990, Berlin 2012
- Seestücke, Galerie Pankow, Berlin 2013
- Manfred Paul. en passsant, Spector books, Leipzig 2015

BILDBÄNDE
ILLUSTRATED BOOKS

- Der Englische Garten zu Wörlitz, Berlin 1987
- Quedlinburg: Das städtebauliche Denkmal und seine Fachwerkbauten, Berlin 1990
- Grenzenlose Räume, Berlin 1991
- Friedrichswerdersche Kirche, Berlin 1991
- La légèreté de l'être. Steffi Scherzer/Oliver Matz, Berlin 1999

SAMMELBÄNDE
ANTHOLOGIES

- Creative Camera: Young East German Photographers, Juni 1978
- Fotografie in Europa heute, Köln Cologne 1982
- Michèle und and Michel Auer: Encyclopédie internationale des photographes de 1839 à nos jours, Hermance 1985 (frz. und engl. Fr. and Engl.)
- Photographes contemporains en R.D.A., Paris 1985
- Die Faszination des Gesichts, Cottbus 1988
- Berlin, November 1989. 14 Fotografen aus Ost und West erleben die Öffnung der Mauer, Berlin 1990
- Un mur pour tous les temps, Strasbourg 1992
- Zwischenzeiten. Bilder ostdeutscher Photographen 1987–1991, hrsg. von ed. F.C. Gundlach, Düsseldorf 1992
- Unbestimmte Akt-Körper. Fotografien von Manfred Paul, in: *Photonews*, September 1993
- Leben im Prenzlauer Berg. Ein Berliner Fotoalbum 1949 bis 1990, Fürth 1998
- Michèle Auer, Jean Streff: Histoires d'Oeufs, Neuchâtel 1999
- Vom Mythos zum Fragment. Aktphotographien, Köln Cologne 1999
- Das Lexikon der Fotografen. 1900 bis heute, München Munich 2002
- Utopie und Wirklichkeit. Ostdeutsche Fotografie 1956–1989, Bönen 2004
- Polaroid als Geste, Ostfildern-Ruit 2005
- Heimat, NRW Forum Düsseldorf DZ Bank 2014

DANKSAGUNG
ACKNOWLEDGEMENTS

Für die Unterstützung meiner Arbeit möchte ich mich besonders bedanken bei Verena, cyan [Daniela Haufe & Detlef Fiedler], Eugen Blume, Catherine Nichols, Johann Hausstætter, Dr. Hermann Schulz, dkW. Kunstmuseum Dieselkraftwerk Cottbus [Carmen Schliebe und Ulrike Kremeier], Leonhardi-Museum Dresden [Bernd Heise], Collection Regard [Marc Barbey], Ulrich Domröse, Barbara und Michael Raetz.

I would like to thank in particular Verena, cyan [Daniela Haufe & Detlef Fiedler], Eugen Blume, Catherine Nichols, Johann Hausstætter, Dr. Hermann Schulz, dkW. Kunstmuseum Dieselkraftwerk Cottbus [Carmen Schliebe and Ulrike Kremeier], Leonhardi-Museum Dresden [Bernd Heise], Collection Regard [Marc Barbey], Ulrich Domröse, Barbara and Michael Raetz.

IMPRESSUM
COLOPHON

Konzept und Gestaltung Concept and design — cyan Berlin [www.cyan.de]
Bildbearbeitung Lithography — hausstætter herstellung Berlin
Essay Essay — Eugen Blume
Übersetzung Translation — Catherine Nichols
Lektorat Proofreading — Almut Otto
Druck und Bindung Printing and binding — Ruksaldruck GmbH, Berlin

Erschienen bei published by — Spector Books
Harkortstraße 10
04107 Leipzig
www.spectorbooks.com

Erste Auflage First edition

Distribution — Germany, Austria: GVA, Gemeinsame Verlagsauslieferung Göttingen GmbH&Co. KG
www.gva-verlage.de
Switzerland: AVA Verlagsauslieferung AG, www.ava.ch
France, Belgium: Interart Paris, www.interart.fr
UK: Central Books Ltd, www.centralbooks.com
USA, Canada: RAM Publications+Distribution Inc., www.rampub.com
Australia, New Zealand: Perimeter Distribution, www.perimeterdistribution.com
Other Countries: Motto Distribution, www.mottodistribution.com

Printed in Germany — ISBN 978-3-95909-079-1

Dieses Buch entstand in Kooperation mit dem dkw. Kunstmuseum Dieselkraftwerk Cottbus anlässlich der Ausstellung This book is published in collaboration with the dkw.Kunstmuseum Dieselkraftwerk Cottbus on the occasion of the exhibition MANFRED PAUL. WERKZYKLEN, 28.5.–28.8.2016.

Leonhardi-Museum Dresden
Grundstraße 26 01326 Dresden
Telefon Telephone: 0351 268 35 13
www.leonhardi-museum.de

dkw.

COLLECTION REGARD